PETITS CLASSIQUES

LAROUSSE

Collection fondée par Félix Guirand, Agrégé des Lettres

Le Misanthrope

MOLIÈRE

comédie

Édition présentée,
annotée et commentée
par
Marie CARTIER
Aude DERUELLE
Anciennes élèves
de l'E.N.S. de Paris
Agrégées de Lettres modernes

www.petitsclassiques.com

© Larousse-Bordas, Paris, 1998 - ISBN 2-03-871668-4

SOMMAIRE

Avant d'aborder le texte

Le Misanthrope
MOLIÈRE

Comment lire l'œuvre

Avant d'aborder le texte

*Le misanthrope, un mélancolique hypocondriaque
sujet à des sautes d'humeur.
Gravure de Nicolas (1637 ?-1718) d'après R. Bonnart (1652-1729).
B.N., Cabinet des Estampes.*

Le Misanthrope

Genre : théâtre, comédie.

Auteur : Molière.

Structure : 5 actes.

Principaux personnages : Alceste, Célimène, Philinte, Éliante, Oronte, Arsinoé, Acaste et Clitandre.

Sujet : Alceste, homme bourru et peu sociable, indigné par l'hypocrisie de la société mondaine et des hommes en général, est amoureux d'une coquette, Célimène. Il souhaite lui parler en tête à tête afin de connaître ses sentiments. Mais il se retrouve face à des visiteurs imprévus : des courtisans, soupirants de Célimène. Ces derniers excitent sa jalousie et suscitent ses réprobations morales. Son comportement apparaît de plus en plus extravagant aux yeux des visiteurs mais aussi aux yeux de son ami Philinte et de Célimène. Les sujets de mécontentement et de dépit s'accumulent : Alceste perd le procès dans lequel il était engagé et découvre peu à peu l'infidélité de Célimène. Sa colère contre les hommes et les usages de l'époque le conduit à se retirer de la société.

L'action de la pièce, tout intérieur, apparaît ainsi centrée sur les contradictions d'un caractère. Mais la diversité des types sociaux qu'incarnent les différents personnages et l'observation des mœurs lui confèrent une dimension plus large : celle d'une peinture de la société mondaine.

1re représentation : *Le Misanthrope* fut représenté pour la première fois sur la scène du Palais-Royal à Paris, par Molière et sa troupe, le 4 juin 1666. L'accueil du public fut plutôt réservé mais la pièce s'attira les éloges des gens cultivés. Ce n'est que plus tard qu'elle fut considérée unanimement, au même titre que *Tartuffe* ou *Dom Juan,* comme un chef-d'œuvre.

La pièce parut en librairie au début de 1667. Molière avait indiqué comme titre *Le Misanthrope ou L'Atrabilaire amoureux.*

MOLIÈRE
(1622-1673)

Buste de Molière
sculpté par Jean-Antoine Houdon (1741-1828).
Musée des Beaux-Arts, Orléans.

Les premières années, à la recherche d'une vocation

1622

Sous le règne de Louis XIII, Jean Poquelin, maître tapissier, épouse la fille d'un marchand tapissier, riche bourgeois de Paris, Marie Cressé. Un premier enfant naît de cette union : Jean Poquelin. Rebaptisé Jean-Baptiste après la naissance d'un second Jean, il est le futur « Molière ». Établie rue Saint-Honoré, la famille jouit d'une situation confortable et poursuit une longue ascension.

1631

Par l'achat d'un office de valet de chambre et de tapissier du roi, Jean II Poquelin s'élève définitivement dans la hiérarchie sociale au-dessus des simples artisans et commerçants.

1632

Le jeune Jean-Baptiste est durement frappé par la perte de sa mère. Alors qu'il devait succéder à son père, il poursuit de brillantes études : deux années de philosophie au collège des jésuites de Clermont, plusieurs années de droit à Orléans.

1642

Il obtient sa licence de droit. Son père lui ayant fait don de sa charge royale, il accepte d'accompagner la suite de Louis XIII à Narbonne, en qualité de tapissier du roi. Partagé entre des aspirations contradictoires, il continue de chercher sa voie. Son amour de la philosophie reste entier : à Paris, il rencontre sans doute l'épicurien Gassendi, les libertins Chapelle et Cyrano de Bergerac, il se propose même de traduire Lucrèce. Surtout, grâce aux relations de son grand-père maternel, Louis Cressé, et depuis la rencontre de la famille Béjart, dont la fille Madeleine se destine à une carrière de comédienne, il découvre avec enthousiasme le monde du théâtre.

La naissance de l'homme de théâtre

1643-1644

Jean-Baptiste Poquelin abandonne à son frère cadet l'office de tapissier du roi hérité de son père. Conservant le titre de valet, il rejoint la famille Béjart établie rue de la Perle. Dans le courant de juin, il signe avec ses amis l'acte de constitution de l'Illustre Théâtre : la compagnie s'installe au jeu de paume des Métayers sous la direction de Madeleine Béjart. Une première représentation est donnée dont les recettes sont satisfaisantes. Très vite, Jean-Baptiste s'affirme comme le véritable chef de la troupe. Il trouve son célèbre pseudonyme : Molière. Mais déjà vient le déclin. Depuis la mort de Louis XIII, en 1643, la Compagnie du Saint-Sacrement condamne violemment la profession de comédien. Endetté, l'Illustre Théâtre émigre au jeu de paume de la Croix-Noire (quai des Célestins). La concurrence de la troupe de l'Hôtel de Bourgogne (spécialisée dans la tragédie), celle des Italiens de Scaramouche (improvisations et farces) précipitent sa chute.

1645

Poursuivi par ses créanciers, emprisonné puis libéré de justesse grâce à l'intervention de son père, Molière quitte Paris.

Les années de province
1645-1658

Longue tournée à travers la province. La troupe de Molière
fusionne avec celle de Charles Dufresne et s'assure la protection du duc d'Épernon, gouverneur de la Guyenne. De
ville en ville, les représentations se succèdent : Toulouse,
Albi, Carcassonne (1647), Nantes, Poitiers (1648), Narbonne
(1649), Agen, Pézenas (1650), Grenoble, Lyon (1652). En
1653, le prince de Conti devient le protecteur officiel de la
troupe. Molière esquisse quelques farces (*La Jalousie du bar-
bouillé*, *Le Médecin volant*) et crée bientôt ses premières
comédies : *L'Étourdi* (1655), *Le Dépit amoureux* (1656).
Devenu membre de la Compagnie du Saint-Sacrement, le
prince de Conti retire sa protection en 1657. L'année suivante, Molière retrouve l'appui du duc d'Épernon qui vient
d'être nommé gouverneur de Bourgogne. De passage à
Rouen en mai, il rencontre le vieux Corneille, qui s'éprend
de l'une de ses comédiennes, la Du Parc. Après plus de dix
ans d'« exil », Molière prépare alors son retour à Paris.

Les premiers succès
1658

La diplomatie et les relations de Madeleine Béjart sont déci-
sives. Tout juste rentrée à Paris, la compagnie passe sous la
protection de Monsieur, frère du roi. En octobre, Molière
donne une représentation devant Louis XIV et sa cour. Il
obtient aussitôt la salle du Petit-Bourbon (proche du
Louvre) en alternance avec les Italiens. Viennent alors les
premiers succès.

1659

Les Précieuses ridicules.

1660

Sganarelle ou Le Cocu imaginaire. Ces pièces assurent à la
troupe de bonnes recettes. Molière se libère de ses dernières
créances et s'attire la faveur de la capitale.

1661

Au théâtre du Palais-Royal (obtenu et aménagé après la démolition du Petit-Bourbon), Molière s'essaye dans le genre sérieux de la comédie héroïque : *Dom Garcie de Navarre ou Le Prince jaloux* est un échec cuisant. En juin, le succès de *L'École des maris* permet de reconquérir le terrain perdu. Grâce aux *Fâcheux* enfin, comédie-ballet créée chez Fouquet, à Vaux, en août, Molière s'attache une fois pour toutes la sympathie du roi, grand amateur de danse et de divertissements.

1662

Molière épouse la sœur de Madeleine, Armande Béjart, de vingt ans sa cadette, puis il s'installe avec elle rue Saint-Thomas-du-Louvre. Une année heureuse s'écoule, jusqu'au triomphe de *L'École des femmes*, véritable consécration.

Les années militantes

1663

Tandis que s'ouvre la « querelle de *L'École des femmes* » (Molière répond aux critiques dans *La Critique de l'École des femmes* et dans *L'Impromptu de Versailles*), Molière est pensionné du roi au titre de « bel esprit ». Son succès suscite la convoitise des comédiens rivaux. Son œuvre indigne surtout le parti dévot qui l'accuse de libertinage. Il lui faudra compter désormais avec de nombreux ennemis.

1664

Louis XIV devient le parrain de son fils Jean, qui ne vivra pas un an. En mai, Molière est chargé d'animer « les plaisirs de l'île enchantée » à l'occasion des fêtes de Versailles. Il y reprend *Les Fâcheux*, *Le Mariage forcé* (créé au Louvre quelques mois plus tôt) et présente *La Princesse d'Élide*. Dans une atmosphère tendue (les figures majeures du parti dévot sont présentes), il donne enfin trois actes de *Tartuffe*. Jugée scandaleuse, la pièce est interdite sur la demande de la reine mère.

1665

De retour au Palais-Royal, Molière connaît un succès médiocre avec *La Thébaïde* du jeune Racine. En mars, il subit une nouvelle interdiction avec *Dom Juan*. Sa troupe reçoit le titre de « troupe du roi » (août) et triomphe à Versailles avec *L'Amour médecin* (septembre). Fatigué et soucieux (les infidélités d'Armande alimentent la calomnie de ses ennemis), Molière tombe malade et doit fermer momentanément son théâtre. En décembre il se brouille avec Racine qui emporte sa tragédie *Alexandre* à l'Hôtel de Bourgogne.

1666-1667

Avec la mort de la reine mère, en janvier, la cabale des dévots perd son principal appui. Molière reprend son travail : *Le Misanthrope* est créé à Paris en juin, *Le Médecin malgré lui* en août, *Mélicerte*, *La Pastorale comique* et *Le Sicilien ou L'Amour peintre* au début de 1667 dans le cadre des fêtes de Saint-Germain. Au printemps, Molière interrompt ses représentations et se consacre au remaniement de *Tartuffe*. Jouée en l'absence du roi (aux armées devant Lille), la pièce est de nouveau interdite sous peine d'excommunication en août 1667. En novembre, la troupe de l'Hôtel de Bourgogne triomphe avec *Andromaque* de Racine.

1668-1669

Après *Amphitryon* (janvier 1668), *George Dandin* (juillet) et *L'Avare* (septembre), une troisième version de *Tartuffe* est enfin acceptée, en février. C'est la plus éclatante des victoires de Molière. La pièce est jouée sans interruption jusqu'à la clôture de Pâques et sera reprise dans les années suivantes. Malgré la mort de son père auquel il restait très attaché, Molière peut enfin respirer. Convié à Chambord en octobre, il donne *Monsieur de Pourceaugnac* en présence du roi.

Les dernières années, Molière au sommet de sa gloire

1670-1671

Molière travaille désormais sur commande, et ses créations font partie des divertissements de la cour : *Les Amants magnifiques*, *Le Bourgeois gentilhomme* , *Psyché* (en collaboration avec Quinault, Corneille et Lully), *Les Fourberies de Scapin* et *La Comtesse d'Escarbagnas*.

1672

En février, quelques jours après le décès de Madeleine Béjart, Molière achève et présente sa dernière grande comédie, *Les Femmes savantes*.

1673

Lors de la première représentation du *Malade imaginaire*, Molière est pris d'un violent malaise. Il meurt tandis qu'on le transporte chez lui. Le roi en personne intervient pour qu'il soit enterré, de nuit, en terre chrétienne, malgré l'interdiction de l'Église.

La monarchie absolue de Louis XIV

La deuxième moitié du XVIIe siècle est marquée par la monarchie absolue, mise en place principalement par Louis XIV (1638-1715) : il monte sur le trône en 1643 sous la tutelle de sa mère Anne d'Autriche et du Premier ministre, le cardinal Mazarin (qui suit les traces de Richelieu, Premier ministre de Louis XIII). Ce n'est qu'en 1661, à la mort de celui-ci, qu'il règne véritablement. Il n'a plus désormais de Premier ministre, et assume seul les fonctions gouvernementales. Il s'entoure de ministres, d'intendants, qu'il choisit dans les rangs de la bourgeoisie (ainsi, Colbert, contrôleur général des Finances, est fils d'un drapier de Reims), mais lui seul décide en dernière instance. La noblesse est contrainte au service de guerre ou domestiquée à la cour de Versailles. Ce système de gouvernement permet la centralisation administrative.

En donnant à la royauté tous les pouvoirs, Louis XIV lui donne un caractère quasi divin : c'est pourquoi son règne est marqué par l'importance de l'étiquette, code au moyen duquel s'exerce le culte idolâtre du Roi-Soleil. Son lever et son coucher sont de véritables spectacles publics au cours desquels les membres de la haute noblesse se disputaient l'honneur d'aider le roi à se vêtir ou à se dévêtir. C'est ainsi une période pleine de magnificence : divertissements, fêtes se succèdent, comme les « plaisirs de l'île enchantée » à Versailles en 1664, où, pendant une semaine, on récita des comédies de Molière, on dansa la nuit à la lumière des lanternes et des feux d'artifice. Mais tout ce luxe cache une grande misère. L'instruction publique est négligée, la vie des étudiants misérable, la population tout entière est victime de grandes famines, en partie dues à l'effort de guerre que Louis XIV demande au pays pour financer ses conquêtes : le règne du Roi-Soleil fut en effet une période marquée par les guerres, contre l'Espagne et les Habsbourgs en particulier.

L'idéal de l'honnête homme se forme au milieu du siècle : il doit être cultivé, mais non pédant, instruit sans faire montre de son savoir. Il ne ressemble donc pas aux petits marquis dont se moque Molière. Il peut d'ailleurs être bourgeois, car la vraie noblesse est celle du cœur. On peut observer un changement à partir de 1660, où la notion n'a plus de signification morale : cette évolution est visible dans *Le Misanthrope*, où Alceste défend les « *vertus des vieux âges* » (v. 153), tandis que Philinte penche pour le savoir-vivre et la souplesse des rapports sociaux (v. 154-155). Le cousin de Mme de Sévigné définit l'honnête homme comme « un homme poli qui sait vivre ».

Le XVIIe siècle fut un siècle empreint de philosophie. *Le Discours de la méthode* de Descartes marque une révolution intellectuelle. En effet, selon Descartes, tout dans la nature est mécanisme, hormis l'âme de l'homme. Mais c'est surtout par la méthode proprement dite que Descartes est novateur. Cette méthode est fondée sur l'ordre, la raison, en prenant pour modèle la rigueur mathématique. L'influence de Descartes s'exerce après 1650 surtout sur Bossuet, dont les sermons sont construits selon un enchaînement de pensées rigoureux, sur Boileau, qui vénère en lui le défenseur de la raison, et sur La Bruyère, qui lui doit l'essentiel de sa morale. Mais Racine est plus ouvert à l'idéal antique qu'à la pensée de Descartes. Quant à Pascal, en revanche, il est opposé à cet esprit de géométrie, car il ne laisse pas assez de place aux sentiments.

Louis XIV a joué le rôle de mécène auprès des lettres et des beaux-arts. Il rachète la manufacture des Gobelins, célèbre pour sa fabrication de tapisseries, d'argenterie et de meubles, il soutient la création de différentes académies (de peinture et de sculpture, d'architecture, de musique), il verse des pensions aux artistes afin qu'ils produisent des œuvres de qualité qui fassent honneur à son règne :

Molière, Boileau, Racine et Lully furent pensionnés par le roi. Son règne est donc intimement lié au mouvement artistique que l'on nomme le classicisme, érigé en doctrine officielle à partir de 1660.

Le classicisme

Le classicisme est d'abord un humanisme. En effet, il se réfère aux humanités, c'est-à-dire aux œuvres grecques et latines. Cela se traduit par un retour à l'Antiquité, par l'étude de la nature et par le souci de l'ordre, de la simplicité, de la mesure. Les artistes vont chercher leurs sources d'inspiration dans l'art antique, comme La Bruyère et ses *Caractères* inspirés de Théophraste, Molière et son *Amphitryon* dont il a repris le sujet à Plaute, Racine et son *Iphigénie* inspirée de la pièce d'Euripide. Dans les beaux-arts, on réemploie les trois ordres architecturaux grecs (les colonnes dorique, ionique et corinthienne). Le classicisme s'oppose donc au baroque, où prédominent les courbes, les torsades et les jeux de trompe-l'œil.

Le classicisme est très bien symbolisé par la colonnade du Louvre, de Claude Perrault, modèle de régularité et de mesure : on y admire la pureté des colonnes cannelées, la simplicité des fenêtres et la sévérité des frontons (le projet de la façade du Bernin, architecte et sculpteur baroque, tout en courbes, n'a pas été retenu). L'architecture classique se distingue aussi par le Val-de-Grâce érigé sous les ordres de François Mansart, et surtout par les agrandissements du palais de Versailles, qui sont l'œuvre de son neveu Jules Hardouin-Mansart. Le palais n'est achevé qu'en 1695. Les célèbres jardins sont de Le Nôtre, et incarnent bien l'idéal classique : tous les espaces sont découpés comme des motifs de tapisserie. La statuaire classique est représentée par Coysevox et Girardon, qui ont sculpté les statues du jardin de Versailles.

La peinture de l'époque classique fut moins importante, et c'est surtout la première moitié du siècle qui fut féconde, avec Claude Gellée dit le Lorrain et Nicolas Poussin. On peut néanmoins citer Mignard, ami de Molière, dont il a peint un célèbre portrait.

Enfin, le classicisme fut marqué par un renouveau littéraire. *La Princesse de Clèves* de Mme de La Fayette est considéré comme le premier roman de la littérature française moderne : il se distingue fortement en effet des romans baroques qui sont décousus et s'étendent souvent sur plusieurs volumes. Les *Fables* de La Fontaine, les *Maximes* de La Rochefoucauld et surtout le théâtre avec Racine démontrent la grandeur de la littérature classique, chantée par Boileau dans son *Art poétique*, dont on peut citer ces deux vers :

« Aimez donc la raison ; que toujours vos écrits
Empruntent d'elle seule et leur lustre et leur prix. »

Le théâtre classique

La création de l'Académie française par Richelieu en 1635, afin de rédiger un dictionnaire de la langue française ainsi qu'une grammaire et une rhétorique, préfigure l'époque classique et ses fameuses règles. Les codifications du théâtre classique triomphent en 1640. Créées par des théoriciens comme Chapelain et l'abbé d'Aubignac, elles influencèrent durablement la création théâtrale. Si le génie de Corneille ne s'est pas toujours plié à ces règles, Racine sut les utiliser pour donner à ses pièces toute leur intensité tragique.

La règle des trois unités est l'une de ces codifications. L'unité d'action est la moins contestée : l'intrigue de la pièce doit être resserrée autour d'un intérêt unique. L'unité de temps et l'unité de lieu, plus controversées, exigent que l'action ait lieu en vingt-quatre heures et dans un même lieu. Certains critiques veulent même que la durée de l'action n'excède pas celle de la représentation, à savoir deux ou trois heures : le spectateur assiste alors à une intrigue qui se déroule « en temps réel ». Cela peut conduire à certains résultats fortuits peu crédibles, même dans des pièces qui répondent aux canons classiques telles que *Phèdre* de Racine : le jour où Phèdre avoue son amour à Hippolyte est celui où Thésée rentre après six mois d'absence. De même, la règle d'unité de lieu a conduit les auteurs à faire jouer les personnages dans une antichambre de palais peu caractérisée, où ennemis et conseillers du roi viennent s'entretenir, de façon un peu invraisemblable, ce qui peut aller contre une autre règle du théâtre classique.

La règle de vraisemblance, en effet, est aussi très importante : puisée dans *La Poétique* d'Aristote, elle vise à préférer le vraisemblable au vrai, afin que le public adhère à l'action qui lui est proposée.

La règle de bienséance est moins nécessaire, et correspond surtout aux mœurs de l'époque : elle interdit toute atteinte au bon goût et tout crime commis sur scène. Elle a pour conséquence le développement des récits, qui retracent les meurtres qui se sont déroulés hors scène. L'exemple le plus connu est le récit de Théramène dans *Phèdre*, relatant la mort d'Hippolyte.

Ces règles du théâtre classique ont vu leur apogée avec l'œuvre de Racine. Si elles concernent avant tout la tragédie classique, elles ont eu beaucoup d'influence sur la comédie. Ainsi, *Le Misanthrope* se déroule dans un lieu unique, le salon de Célimène, son action dure une journée — comme le signale l'indication temporelle à la fin de l'acte IV (v. 1480) — et l'intrigue est resserrée autour d'Alceste, qui cherche à avoir une entrevue avec Célimène afin de savoir s'il est réellement l'élu de son cœur.

On voit bien avec cette pièce en quoi Molière est redevable aux règles du théâtre classique, et surtout combien il a modifié l'art de la comédie, qui était radicalement différent auparavant. Parmi les comédies qui ont marqué la période antérieure à la création de Molière, on peut distinguer plusieurs types.

La comédie avant Molière

Tout d'abord, on trouve un type de comédie hérité du Moyen Âge, la farce, dont Molière s'est parfois inspiré. Elle laisse une grande place au comique gestuel : coups de bâtons, gifles s'y échangent en abondance, et la langue y est parfois grossière. Elle était encore très populaire au début du XVIIᵉ siècle, grâce notamment à certains acteurs, comme Turlupin et Tabarin.

Venue d'Italie, la *commedia dell'arte* a eu aussi une influence sur l'art comique français. Ce type de comédie fonctionne sur l'improvisation. Les comédiens, qui portent des masques, improvisent sur un canevas (souvent à peine quelques pages pour deux heures de représentation), ce qui est rendu plus facile par le fait que les personnages sont des stéréotypes, sans innovation psychologique (Pantalon, le bourgeois, Arlequin, le valet à la fois coquin et sympathique, ou Brighella, le serviteur sournois).

De là est née la comédie d'intrigue, illustrée principalement par Rotrou, mais aussi par Thomas Corneille (le frère de Pierre). D'origine italienne, et proche donc de la *commedia dell'arte*, elle se caractérise par une action très compliquée. Les comédies d'intrigue sont parsemées d'enlèvements, de quiproquos, de naufrages, de reconnaissances — on reconnaîtra d'ailleurs certains de ces éléments dans les comédies de Molière, comme le mariage de rigueur qui conclut les pièces, mais entièrement réagencés. On y retrouve les personnages stéréotypés de la *commedia dell'arte*, comme le parasite, le valet sans scrupules et débrouillard, que Molière a repris dans *Les Fourberies de Scapin*.

Enfin, signalons un autre type de comédie, dite romanesque, issue de la tradition espagnole. Elle met en scène des amants qui, pour une raison ou pour une autre, ne peuvent se voir librement. Ce type de comédie est représenté en France par les pièces de Scarron. Molière s'en est quelque peu inspiré pour *Dom Juan*.

Ainsi, Molière a su réutiliser ces traditions comiques, mais pour les refondre et inventer un nouveau théâtre.

Le Misanthrope dans l'œuvre de Molière

L'œuvre de Molière se compose de quatre farces (comme *Le Médecin malgré lui*), de quinze comédies-ballets (les plus connues sont *Le Bourgeois gentilhomme* et *Le Malade imaginaire*), de quatre comédies d'intrigue (dont *Amphitryon* et *Les Fourberies de Scapin*), et enfin de neuf comédies dites de mœurs ou de caractère, dont font partie *Le Misanthrope*, mais aussi *Tartuffe*, *L'Avare* et *Dom Juan*. La grande innovation de Molière en matière de théâtre fut en effet la création de ce genre de comédie. Cependant, ces distinctions ne sont pas si évidentes. Certaines comédies d'intrigue, comme *Les Fourberies de Scapin*, s'apparentent à la farce, et une comédie-ballet comme *Le Malade imaginaire* relève aussi de la comédie de mœurs.

Ces comédies sont appelées comédies de mœurs car elles peignent les mœurs d'une époque, d'une classe sociale, par exemple le monde de la cour dans *Le Misanthrope*, ou encore la petite vie de province dans *Tartuffe*. Mais elles sont aussi des comédies de caractère car elles sont centrées autour d'un personnage particulier, marqué par un trait de caractère, généralement un défaut, voire une manie ridicule (la misanthropie, l'avarice...). L'apport de Molière à la comédie réside donc dans l'aspect réaliste (loin des invraisemblances de la comédie d'intrigue) de ses œuvres : il s'attache à faire des portraits ressemblants, à parler du monde dans lequel il vit, tout en maintenant la distance nécessaire au comique. Molière arrive ainsi à peindre à la fois le ridicule des hommes, de nature universelle, et les mœurs de son temps.

Le Misanthrope, par sa forme même, appartient à ce que l'on appelle la grande comédie, car la pièce est en vers, et son action se déroule en cinq actes (et non trois, comme *Le Malade imaginaire*), de même que *Les Femmes savantes* et *Tartuffe*.

Enfin, *Le Misanthrope* est considéré comme l'une des pièces de Molière les plus réussies et les plus profondes, aux côtés

de *Tartuffe* et de *Dom Juan*, sans doute parce qu'il sait mêler des sujets de réflexion « sérieux » au comique. Ce jugement se fait parfois au détriment des autres pièces, comme le montrent ces vers de *L'Art poétique* de Boileau :
   « Dans ce sac ridicule où Scapin s'enveloppe
   Je ne reconnais plus l'auteur du *Misanthrope*. »

Le salon, lieu surpeuplé et bruissant.
Gravure d'Abraham Bosse (1602-1676). B.N.

VIE	ŒUVRES
1622 Baptême de Jean-Baptiste Poquelin (le 15 janvier).	
1632 Mort de la mère de Molière. **1633 ?-1639** Études chez les jésuites du collège de Clermont (aujourd'hui lycée Louis-le-Grand).	
1642 Obtention d'une licence de droit à Orléans après plusieurs années d'études. **1643** Remplace son père comme tapissier du roi durant un voyage de Louis XIII à Narbonne, fonde la troupe de l'Illustre Théâtre avec Madeleine Béjart. **1644** Prend le pseudonyme de Molière.	
1645 Faillite de l'Illustre Théâtre. Molière, emprisonné pour dettes au Châtelet, quitte Paris. **1645-1658** Voyage en province avec une troupe dont fait partie Madeleine Béjart. En 1650, Molière prend la direction de la troupe, protégée à partir de 1653 par le prince de Conti.	**1655** Représentation à Lyon de *L'Étourdi*. **1656** Représentation du *Dépit amoureux* à Béziers.

TABLEAU CHRONOLOGIQUE

ÉVÉNEMENTS CULTURELS ET ARTISTIQUES	ÉVÉNEMENTS HISTORIQUES ET POLITIQUES
	1622 Guerre civile en France.
1623 Naissance de Pascal.	**1623** Condamnation du jansénisme par Urbain VIII.
1626 Naissance de Madame de Sévigné.	
1627 Naissance de Bossuet.	
1632 Galilée publie le *Dialogue sur les deux principaux systèmes du monde*.	
1635 Fondation de l'Académie française.	**1635** Début de la guerre contre l'Espagne.
1636 Naissance de Boileau.	
1637 *Le Cid* de Corneille, *Le Discours de la méthode* de Descartes.	
1640 *Horace* de Corneille.	
1642 *Polyeucte* de Corneille.	**1642** Mort de Richelieu.
	1643 Mort de Louis XIII.
1644 Invention du baromètre par Torricelli.	
1645 Naissance de La Bruyère.	
	1648 Fin de la guerre de Trente Ans.
1651 *Léviathan* de Hobbes, *Le Roman comique* de Scarron.	**1648-1653** La fronde, période de troubles durant l'enfance de Louis XIV, pendant laquelle des membres de l'aristocratie mettent en question la monarchie absolue.
1656-1657 *Les Provinciales* de Pascal.	

Vie	Œuvres
1658 Retour à Paris, sa troupe devient la troupe de Monsieur, frère du roi.	
	1659 Triomphe des *Précieuses ridicules* au Petit-Bourbon. **1660** *Sganarelle ou Le Cocu imaginaire.* **1661** Échec de *Dom Garcie de Navarre* au Palais-Royal. *L'École des maris*, *Les Fâcheux.*
1662 Molière épouse Armande Béjart (fille ou sœur de Madeleine ?), de vingt ans sa cadette.	**1662** Consécration avec *L'École des femmes.* **1663** Querelle de *L'École des femmes*, *La Critique de l'École des femmes.*
1664 Molière anime les « plaisirs de l'île enchantée » à Versailles. **1665** La troupe devient troupe du roi.	**1664** *Le Mariage forcé*, interdiction du premier *Tartuffe.* **1665** *Dom Juan, L'Amour médecin.* **1666** *Le Misanthrope, Le Médecin malgré lui.*
1667 Armande et Molière décident de vivre séparément.	**1667** Interdiction de la deuxième version de *Tartuffe* : *L'Imposteur.* **1668** *Amphitryon, George Dandin, L'Avare.*
1669 Mort du père de Molière.	**1669** Représentation de *Tartuffe* et de *Monsieur de Pourceaugnac.* **1670** *Le Bourgeois gentilhomme.* **1671** *Psyché, Les Fourberies de Scapin.*
1672 Mort de Madeleine Béjart. **1673** Mort de Molière.	**1672** *Les Femmes savantes.* **1673** *Le Malade imaginaire.*

ÉVÉNEMENTS CULTURELS ET ARTISTIQUES	ÉVÉNEMENTS HISTORIQUES ET POLITIQUES
	1659 Paix des Pyrénées (France-Espagne).
	1661 Mort de Mazarin.
1665 *Maximes* de La Rochefoucauld.	
1666 *Satires* de Boileau.	**1666** Mort d'Anne d'Autriche.
1667 *Andromaque* de Racine.	**1667** Conquête des Pays-Bas par Louis XIV.
1668 *Fables* de La Fontaine, *Les Plaideurs* de Racine.	
1670 *Bérénice* de Racine.	
1672 *Bajazet* de Racine.	
1673 *Mithridate* de Racine.	

L'absence de sources livresques

L'originalité de *Dom Juan* et de *L'École des femmes* repose sur
la reprise et le renouvellement de trames narratives déjà
constituées dans des sources livresques. Au contraire, *Le
Misanthrope* tout comme *Tartuffe* sont des créations essen-
tiellement personnelles. On peut rapprocher *Le Misanthrope*
d'œuvres du XVIIe siècle traitant de la coquetterie, de l'honnêteté ou de la complaisance. Mais si l'œuvre est nourrie des
préoccupations de l'époque, elle n'est pas ancrée dans des
sources livresques déterminées.

Pourtant le sujet de la pièce à proprement parler n'est pas
neuf. Les philosophes de l'Antiquité se sont intéressés à la
misanthropie (Platon dans *Le Phédon*, Aristote dans
L'Éthique à Nicomaque). Un philosophe grec connu sous le
nom de Timon le Misanthrope incarnait alors le désespoir et
la haine de l'humanité. Le dramaturge Aristophane en fit le
personnage principal d'une comédie.

En 1606, Shakespeare reprend ce sujet dans un drame inti-
tulé *Timon d'Athènes*. La pièce met en scène le revirement
d'un homme bon et généreux : trahi par ses amis, il prend
les hommes en haine et mène contre eux une guerre cruelle.
Mais il est impossible d'affirmer que Molière connaissait
cette œuvre. Le regard historique peut reconstituer une tradition de la misanthropie, mais il ne saurait s'agir de sources
du point de vue du dramaturge lui-même.

Les sources personnelles

Les sources du *Misanthrope* sont ainsi à chercher du côté de
l'auteur lui-même. Les références qui transparaissent dans le
texte de la pièce renvoient à la culture personnelle de l'auteur.
Ainsi, la tirade d'Éliante sur l'art d'aimer (acte II scène 4,
v. 711-730) est inspirée du poème de Lucrèce *De natura rerum*.
Les scènes de querelle amoureuse entre Alceste et Célimène

(scènes 2 et 3 de l'acte IV) sont nourries de citations et de réminiscences de la comédie héroïque *Dom Garcie de Navarre ou Le Prince jaloux* que le dramaturge avait écrite quelques années auparavant et qui avait connu un cuisant échec. Molière puise ainsi dans ses propres pièces. L'allusion à *L'École des maris* (v. 100) exhibe ce mécanisme de l'autoréférence.

Molière emprunte à l'une de ses premières comédies, *Les Fâcheux*, un thème qui structure l'action du *Misanthrope* : Alceste se trouve sans cesse écarté de Célimène par des importuns. *La Critique de l'École des femmes* tout comme *L'Impromptu de Versailles* se déroulent, de même que *Le Misanthrope*, dans le cadre d'un salon, au rythme des visites et des conversations.

Pour expliquer la genèse du *Misanthrope*, des rapprochements entre Alceste et des personnes vivant à l'époque de Molière ont été effectués. Boileau, poète et critique du XVIIe siècle, se reconnaît dans le personnage principal du *Misanthrope* et déclare avoir servi de modèle dans une lettre datée du 4 août 1706.

Il se retrouve particulièrement dans la scène du sonnet (acte I scène 2) où Alceste, en défenseur du goût classique, raille les vers d'Oronte, poète courtisan. Mais cette identification est probablement moins le fait de Molière que de Boileau lui-même : elle est largement postérieure à la pièce et date du temps où Boileau devenu célèbre cherche à organiser sa légende de législateur de la poésie classique. Le duc de Montausier, connu à la cour pour son humeur bourrue, son entêtement et ses accès d'extravagance qui le faisaient taxer de folie, aurait pu aussi servir de modèle pour Alceste. Si des affinités existent entre Alceste et des personnes ayant réellement existé, on ne saurait cependant faire du *Misanthrope* une simple pièce à clef.

La pièce est également nourrie d'événements biographiques douloureux, propres à susciter une humeur sombre et un caractère aigri. Il suffisait que Molière s'observe lui-même pour donner à travers le personnage d'Alceste un autoportrait masqué. En effet, suite à sa brillante carrière accomplie entre 1658 et 1666, le dramaturge avait suscité des jalousies et des rivalités émanant du milieu théâtral mais aussi du milieu dévot : des membres de la Compagnie du Saint-Sacrement réunis autour de la reine mère menaient d'incessantes intrigues contre lui.

Grâce à une cabale d'une extrême violence, ils avaient réussi à faire interdire les représentations de *Tartuffe* en dénonçant l'impiété de Molière et l'immoralité de ses pièces. S'ajoutaient à ces démêlés publics (dans les années 1664-1666) des difficultés personnelles : dispute avec Jean Racine, grave maladie, querelles nées des infidélités d'Armande Béjart, etc.

Or c'est durant cette période difficile, entre 1664 et 1666, que Molière écrivit *Le Misanthrope*.

Naissance et création du *Misanthrope*

Molière avait conçu *Tartuffe* comme une grande œuvre devant lui permettre de conquérir une reconnaissance définitive et de réduire au silence ses ennemis. L'interdiction de la pièce fut pour lui une véritable catastrophe.

Dans un climat de déception et d'amertume, il nourrit alors un autre grand dessein et rédigea le premier acte du *Misanthrope*, dans la seconde moitié de 1664. Depuis lors, il retravailla sans cesse cette pièce jusqu'à sa première représentation, en 1666.

Entre-temps il écrivit *Dom Juan* (février 1665), suscitant de nouvelles polémiques, et, sur une invitation du roi, *L'Amour médecin* (septembre 1665). *Le Misanthrope* est donc une œuvre longuement mûrie et très importante aux yeux de son auteur.

La première représentation du *Misanthrope* eut lieu au Palais-Royal le 4 juin 1666. Le personnage d'Alceste était interprété par Molière, dans un jeu expressif et animé. Armande Béjart, la jeune épouse de Molière, interprétait le rôle de Célimène. Les autres rôles étaient tenus par les acteurs de la troupe du Palais-Royal.

Les indications laissées par le décorateur Michel Laurent

suggèrent une mise en scène dépouillée : « *Le théâtre est une chambre. Il faut une chaise, trois lettres, des bottes.* » La pièce ne put être immédiatement présentée au roi et à la cour. Suite à la mort de la reine mère, le 20 janvier 1666, les divertissements royaux avaient été interrompus. Destinée à la société mondaine, la grande comédie du *Misanthrope* dut se contenter du public de la ville.

Ce public amateur de farces fut déçu et surpris par la tonalité sérieuse de la pièce, la sobriété de l'action et la discrétion des effets comiques. La pièce ne fut pas un succès. En revanche, la critique et les hommes cultivés (hommes de théâtre, chroniqueurs, courtisans) lui réservèrent un bon accueil. Ils reconnurent d'entrée de jeu une œuvre de premier rang et soulignèrent l'efficacité d'un comique renouvelé, mis au service de la critique des défauts du temps. Boileau par exemple salua dans *Le Misanthrope* le chef-d'œuvre de Molière.

Un des adversaires de Molière dans la querelle de *L'École des femmes*, Jean Donneau de Visé, rendait désormais hommage à Molière. Dans sa *Lettre écrite sur la comédie du Misanthrope* (1666), il fait l'éloge d'une œuvre qui loin d'être une simple « comédie pleine d'incidents » livre un « portrait du siècle ».

Buste de Molière
sculpté par Jean-Antoine Houdon (1741-1828).
Musée des Beaux-Arts, Orléans.

Le Misanthrope
ou
l'Atrabilaire amoureux

MOLIÈRE

comédie

représentée pour la première fois
le 4 juin 1666

Personnages[1]

ALCESTE   *amant[2] de Célimène.*

PHILINTE   *ami d'Alceste.*

ORONTE   *amant de Célimène.*

CÉLIMÈNE   *amante d'Alceste.*

ÉLIANTE   *cousine de Célimène.*

ARSINOÉ   *amie de Célimène.*

ACASTE
           marquis.
CLITANDRE

BASQUE   *valet de Célimène.*

UN GARDE   *de la maréchaussée de France.*

DU BOIS   *valet d'Alceste.*

La scène est à Paris[3].

N.B. : **L'Atrabilaire amoureux :** ce sous-titre, qui n'a pas été repris dans le texte imprimé en 1666, est resté dans la tradition. Il attire l'attention sur les contradictions du personnage principal. *Atrabilaire* qualifie un caractère dominé par l'atrabile, ou bile noire, et donc porté à la mauvaise humeur.

---

1. Lors de la première représentation, le 4 juin 1666, au théâtre du Palais-Royal (à Paris), la distribution était la suivante : *Alceste,* Molière ; *Célimène,* Armande Béjart – sa femme – ; *Philinte,* La Thorillière ; *Éliante,* Mlle de Brie ; *Arsinoé,* Mlle Du Parc.
2. **Amant :** homme qui a déclaré ses sentiments amoureux (sincères ou non) à une femme ; soupirant. Le mot aura toujours ce sens dans la pièce.
3. Toute la pièce se déroule dans le salon de Célimène. Le décor, d'après les archives de la troupe de Molière, était ainsi conçu : « Le théâtre est une chambre. Il faut une chaise (v. 1), trois lettres (v. 1237, 1324, 1339, 1685), des bottes (v. 1436). »

ACTE PREMIER

SCÈNE PREMIÈRE. PHILINTE, ALCESTE.

PHILINTE
Qu'est-ce donc ? Qu'avez-vous ?

ALCESTE
Laissez-moi, je vous prie.

PHILINTE
Mais encor, dites-moi, quelle bizarrerie[1]...

ALCESTE
Laissez-moi, vous dis-je, et courez vous cacher.

PHILINTE
Mais on entend les gens au moins sans se fâcher.

ALCESTE
5 Moi, je veux me fâcher, et ne veux point entendre.

PHILINTE
Dans vos brusques chagrins[2] je ne puis vous comprendre,
Et, quoique amis[3], enfin, je suis tout des premiers...

ALCESTE, *se levant brusquement.*
Moi, votre ami ? Rayez cela de vos papiers[4].
J'ai fait jusques ici profession de l'être ;
10 Mais, après ce qu'en vous je viens de voir paraître,
Je vous déclare net que je ne le suis plus,
Et ne veux nulle place en des cœurs corrompus.

PHILINTE
Je suis donc bien coupable, Alceste, à votre compte ?

---

1. **Bizarrerie :** extravagance, folie (voir « bizarre », v. 1137).
2. **Chagrins :** sens plus fort que le sens moderne, accès de mélancolie, tristesse profonde (voir v. 91).
3. **Quoique amis :** forme elliptique pour « quoique nous soyons amis ».
4. **Rayez cela de vos papiers :** métaphore pour dire « vous vous trompez ».

*Michel Aumont (Alceste) et Simon Eine (Philinte)
dans une mise en scène de Jean-Pierre Vincent
à la Comédie-Française en 1984.*

ALCESTE

Allez, vous devriez mourir de pure honte ;
15 Une telle action ne saurait s'excuser,
Et tout homme d'honneur s'en doit scandaliser.
Je vous vois accabler un homme de caresses[1],
Et témoigner pour lui les dernières[2] tendresses ;
De protestations, d'offres et de serments

---

1. **Caresses :** démonstrations d'amitié, de sympathie.
2. **Dernières :** les plus grandes, extrêmes.

20 Vous chargez[1] la fureur de vos embrassements[2] :
Et, quand je vous demande après quel est cet homme,
À peine pouvez-vous dire comme[3] il se nomme ;
Votre chaleur pour lui tombe en vous séparant,
Et vous me le traitez, à moi, d'indifférent.
25 Morbleu[4] ! c'est une chose indigne, lâche, infâme,
De s'abaisser ainsi jusqu'à trahir son âme ;
Et si, par un malheur, j'en avais fait autant,
Je m'irais, de regret, pendre tout à l'instant.

PHILINTE

Je ne vois pas, pour moi, que le cas soit pendable,
30 Et je vous supplierai d'avoir tout agréable
Que je me fasse un peu grâce sur votre arrêt[5],
Et ne me pende pas pour cela, s'il vous plaît.

ALCESTE

Que la plaisanterie est de mauvaise grâce !

PHILINTE

Mais, sérieusement, que voulez-vous qu'on fasse ?

ALCESTE

35 Je veux qu'on soit sincère, et qu'en homme d'honneur
On ne lâche aucun mot qui ne parte du cœur.

PHILINTE

Lorsqu'un homme vous vient embrasser avec joie,
Il faut bien le payer de la même monnoie,
Répondre comme on peut, à ses empressements,
40 Et rendre offre pour offre, et serments pour serments.

ALCESTE

Non, je ne puis souffrir cette lâche méthode
Qu'affectent la plupart de vos gens à la mode ;

---

1. **Chargez :** exagérez.
2. **Embrassements :** accolades démonstratives.
3. **Comme :** comment (voir aussi le v. 1462).
4. **Morbleu :** par la mort de Dieu ! Jurer par le nom de Dieu étant interdit par l'Église, on transforma « Dieu » en « bleu ». Voir aussi : têtebleu (v. 141), sangbleu (v. 773), parbleu (v. 236, 285, 567, 781, 807).
5. **Arrêt :** décision (mot emprunté au vocabulaire judiciaire).

Et je ne hais rien tant que les contorsions
De tous ces grands faiseurs de protestations[1],
45 Ces affables donneurs d'embrassades frivoles,
Ces obligeants diseurs d'inutiles paroles,
Qui de civilités[2] avec tous font combat,
Et traitent du même air[3] l'honnête homme et le fat[4].
Quel avantage a-t-on qu'un homme vous caresse,
50 Vous jure amitié, foi, zèle, estime, tendresse,
Et vous fasse de vous un éloge éclatant,
Lorsqu'au premier faquin[5] il court en faire autant ?
Non, non, il n'est point d'âme un peu bien située[6]
Qui veuille d'une estime ainsi prostituée,
55 Et la plus glorieuse a des régals peu chers
Dès qu'on voit qu'on nous mêle avec tout l'univers[7].
Sur quelque préférence une estime se fonde,
Et c'est n'estimer rien qu'estimer tout le monde.
Puisque vous y donnez, dans ces vices du temps,
60 Morbleu ! vous n'êtes pas pour être de mes gens[8] ;
Je refuse d'un cœur la vaste complaisance
Qui ne fait de mérite aucune différence ;
Je veux qu'on me distingue ; et, pour le trancher net,
L'ami du genre humain n'est point du tout mon fait.

---

1. **Protestations** : démonstrations d'amitié.
2. **Civilités** : marques de politesse, d'amabilité.
3. **Air** : manière (voir les v. 900 et 1351).
4. **Fat** : sot, prétentieux.
5. **Faquin** : terme d'injure, qui signifie à l'origine « porteur », puis « individu de basse condition », « sans valeur et prétentieux ».
6. **Âme bien située** : âme noble et élevée.
7. **Et la plus glorieuse [...] univers** : un « régal » étant un cadeau que l'on offre à quelqu'un, il faut comprendre : l'estime que l'on manifeste à autrui se révèle dépourvue de valeur quand il apparaît qu'elle est accordée à tout le monde sans distinction.
8. **Vous n'êtes [...] gens** : vous n'êtes pas fait pour être de ma société, de mes amis.

PHILINTE

65 Mais quand on est du monde[1], il faut bien que l'on rende
Quelques dehors civils[2] que l'usage demande.

ALCESTE

Non, vous dis-je ; on devrait châtier sans pitié
Ce commerce[3] honteux de semblants d'amitié.
Je veux que l'on soit homme, et qu'en toute rencontre
70 Le fond de notre cœur dans nos discours se montre ;
Que ce soit lui qui parle, et que nos sentiments
Ne se masquent jamais sous de vains compliments.

PHILINTE

Il est bien des endroits[4] où la pleine franchise
Deviendrait ridicule et serait peu permise ;
75 Et, parfois, n'en déplaise à votre austère honneur,
Il est bon de cacher ce qu'on a dans le cœur.
Serait-il à propos et de la bienséance
De dire à mille gens tout ce que d'eux l'on pense ?
Et, quand on a quelqu'un qu'on hait ou qui déplaît,
80 Lui doit-on déclarer la chose comme elle est ?

ALCESTE

Oui.

PHILINTE

Quoi ! vous iriez dire à la vieille Émilie
Qu'à son âge il sied mal de faire la jolie,
Et que le blanc[5] qu'elle a scandalise chacun ?

ALCESTE

Sans doute[6].

---

1. **Être du monde :** être de la bonne société.
2. **Dehors civils :** apparences, marques extérieures de politesse.
3. **Commerce :** échange ; relation, fréquentation (voir aussi v. 1486).
4. **Endroits :** circonstances, moments.
5. **Blanc :** fard (voir aussi v. 942).
6. **Sans doute :** sans aucun doute, certainement (voir aussi v. 233, 1259, 1627, 1743).

PHILINTE
À Dorilas, qu'il est trop importun,
85 Et qu'il n'est à la cour oreille qu'il ne lasse
À conter sa bravoure et l'éclat[1] de sa race ?

ALCESTE
Fort bien.

PHILINTE
Vous vous moquez.

ALCESTE
Je ne ne moque point,
Et je vais n'épargner personne sur ce point.
Mes yeux sont trop blessés, et la cour et la ville[2]
90 Ne m'offrent rien qu'objets à m'échauffer la bile[3] :
J'entre en une humeur noire, en un chagrin profond,
Quand je vois vivre entre eux les hommes comme ils font.
Je ne trouve partout que lâche flatterie,
Qu'injustice, intérêt, trahison, fourberie.
95 Je n'y puis plus tenir, j'enrage, et mon dessein
Est de rompre en visière[4] à tout le genre humain.

PHILINTE
Ce chagrin philosophe[5] est un peu trop sauvage.
Je ris des noirs accès où je vous envisage,
Et crois voir en nous deux, sous mêmes soins nourris[6],
100 Ces deux frères que peint *L'École des maris*[7],
Dont...

----

1. **Éclat** : prestige.
2. **La cour et la ville** : la cour royale, à Versailles, et la société parisienne.
3. **Bile** : liquide amer sécrété par le foie qu'on supposait lié aux manifestations de colère et aux accès de tristesse, à la mauvaise humeur. **Échauffer la bile** : exciter la colère.
4. **Rompre en visière** : rompre sa lance dans la visière du heaume de son adversaire ; attaquer en face ; contredire (voir aussi v. 1634).
5. **Philosophe** : de philosophe (forme adjective). Voir aussi v. 166.
6. **Sous mêmes soins nourris** : élevés de la même façon.
7. *L'École des maris* : comédie de Molière (1661) où s'opposent l'indulgent Ariste et le tyrannique Sganarelle.

ALCESTE
Mon Dieu, laissons là vos comparaisons fades.

PHILINTE
Non, tout de bon, quittez toutes ces incartades.
Le monde par vos soins ne se changera pas ;
Et, puisque la franchise a pour vous tant d'appas[1],
105 Je vous dirai tout franc que cette maladie,
Partout où vous allez, donne la comédie,
Et qu'un si grand courroux contre les mœurs du temps
Vous tourne en ridicule auprès de bien des gens.

ALCESTE
Tant mieux, morbleu ! tant mieux ! c'est ce que je demande.
110 Ce m'est un fort bon signe, et ma joie en est grande ;
Tous les hommes me sont à tel point odieux
Que je serais fâché d'être sage à leurs yeux.

PHILINTE
Vous voulez un grand mal à la nature humaine !

ALCESTE
Oui, j'ai conçu pour elle une effroyable haine.

PHILINTE
115 Tous les pauvres mortels, sans nulle exception,
Seront enveloppés dans cette aversion ?
Encor en est-il bien, dans le siècle où nous sommes...

ALCESTE
Non, elle est générale, et je hais tous les hommes,
Les uns parce qu'ils sont méchants et malfaisants,
120 Et les autres pour être aux méchants complaisants,
Et n'avoir pas pour eux ces haines vigoureuses
Que doit donner le vice aux âmes vertueuses.
De cette complaisance on voit l'injuste excès
Pour le franc[2] scélérat avec qui j'ai procès ;
125 Au travers de son masque on voit à plein le traître,

---

1. **Appas** : attraits.
2. **Franc** : parfait, pur, achevé (dans une expression péjorative, voir aussi v. 1098, 1532).

Partout il est connu pour tout ce qu'il peut être,
Et ses roulements d'yeux et son ton radouci[1]
N'imposent[2] qu'à des gens qui ne sont point d'ici.
On sait que ce pied-plat[3], digne qu'on le confonde[4],
130 Par de sales emplois s'est poussé dans le monde,
Et que par eux son sort, de splendeur revêtu,
Fait gronder le mérite et rougir la vertu.
Quelques titres honteux qu'en tous lieux on lui donne,
Son misérable honneur ne voit pour lui personne[5] :
135 Nommez-le fourbe, infâme et scélérat maudit,
Tout le monde en convient et nul n'y contredit.
Cependant sa grimace[6] est partout bien venue ;
On l'accueille, on lui rit, partout il s'insinue,
Et, s'il est, par la brigue[7], un rang à disputer,
140 Sur le plus honnête homme on le voit l'emporter.
Têtebleu ! ce me sont de mortelles blessures
De voir qu'avec le vice on garde des mesures,
Et parfois il me prend des mouvements[8] soudains
De fuir dans un désert[9] l'approche des humains.

PHILINTE
145 Mon Dieu, des mœurs du temps mettons-nous moins en
[peine,
Et faisons un peu grâce à la nature humaine ;

---

1. **Radouci** : mielleux.
2. **N'imposent** : ne trompent.
3. **Pied-plat** : gueux, rustre (les gens de qualité portant des chaussures à talon).
4. **Qu'on le confonde** : qu'on le démasque.
5. **Ne voit pour lui personne** : il ne trouve personne pour défendre son honneur.
6. **Grimace** : feinte, hypocrisie (voir aussi v. 589, 854, 1497).
7. **Brigue** : manœuvre secrète visant à obtenir une faveur, un avantage auprès des puissants.
8. **Mouvements** : impulsions ; émotion (voir aussi v. 911).
9. **Désert** : endroit isolé, loin du monde, à la campagne ; retraite solitaire (voir les v. 1763 et 1770).

Ne l'examinons point dans[1] la grande rigueur,
Et voyons ses défauts avec quelque douceur.
Il faut, parmi le monde, une vertu traitable[2] ;
150 À force de sagesse on peut être blâmable ;
La parfaite raison fuit toute extrémité
Et veut que l'on soit sage avec sobriété.
Cette grande raideur des vertus des vieux âges
Heurte trop notre siècle et les communs usages ;
155 Elle veut aux[3] mortels trop de perfection :
Il faut fléchir au temps[4] sans obstination,
Et c'est une folie à nulle autre seconde
De vouloir se mêler de corriger le monde.
J'observe, comme vous, cent choses tous les jours,
160 Qui pourraient mieux aller, prenant un autre cours ;
Mais quoi qu'à chaque pas je puisse voir paraître,
En courroux, comme vous, on ne me voit point être ;
Je prends tout doucement les hommes comme ils sont,
J'accoutume mon âme à souffrir ce qu'ils font,
165 Et je crois qu'à la cour, de même qu'à la ville,
Mon flegme[5] est philosophe autant que votre bile.

ALCESTE

Mais ce flegme, monsieur, qui raisonne si bien,
Ce flegme pourra-t-il ne s'échauffer de rien ?
Et, s'il faut par hasard qu'un ami vous trahisse,
170 Que pour avoir vos biens on dresse un artifice[6],
Ou qu'on tâche à semer de méchants bruits de vous,
Verrez-vous tout cela sans vous mettre en courroux ?

---

1. **Dans** : selon.
2. **Traitable** : accommodante, conciliante.
3. **Aux** : chez.
4. **Fléchir au temps** : se plier aux usages de l'époque.
5. **Flegme** : lymphe, une des quatre humeurs (avec le sang, la bile jaune et la bile noire, ou atrabile). La médecine de l'époque définit le caractère psychologique par l'équilibre entre ces quatre humeurs. Le flegme désigne par extension un caractère calme, pondéré, non émotif.
6. **Dresser un artifice** : organiser une manœuvre pour déguiser la vérité.

PHILINTE

Oui, je vois ces défauts, dont votre âme murmure
Comme vices unis à l'humaine nature,
175 Et mon esprit enfin n'est pas plus offensé
De voir un homme fourbe, injuste, intéressé,
Que de voir des vautours affamés de carnage,
Des singes malfaisants et des loups pleins de rage.

ALCESTE

Je me verrais trahir, mettre en pièces, voler,
180 Sans que je sois... Morbleu ! je ne veux point parler,
Tant ce raisonnement est plein d'impertinence[1].

PHILINTE

Ma foi, vous ferez bien de garder le silence :
Contre votre partie[2] éclatez un peu moins,
Et donnez au procès une part de vos soins.

ALCESTE

185 Je n'en donnerai point, c'est une chose dite.

PHILINTE

Mais qui voulez-vous donc qui pour vous sollicite[3] ?

ALCESTE

Qui je veux ? La raison, mon bon droit, l'équité.

PHILINTE

Aucun juge par vous ne sera visité ?

ALCESTE

Non. Est-ce que ma cause est injuste ou douteuse ?

PHILINTE

190 J'en demeure d'accord, mais la brigue[4] est fâcheuse,
Et...

---

1. **Impertinence** : inconvenance, sottise.
2. **Partie** : personne qui est engagée dans un procès, partie adverse, adversaire (voir v. 193, v. 1487).
3. **Solliciter** : intervenir auprès du juge ou faire intervenir une personne influente pour se concilier sa bienveillance dans une affaire. À l'époque cette pratique était un usage établi, considéré comme nécessaire.
4. **Brigue** : renvoie ici aux intrigues menées par l'adversaire d'Alceste (voir v. 35).

ALCESTE
Non, j'ai résolu de ne pas faire un pas ;
J'ai tort ou j'ai raison.

PHILINTE
Ne vous y fiez pas.

ALCESTE
Je ne remuerai point.

PHILINTE
Votre partie est forte
Et peut, par sa cabale[1], entraîner...

ALCESTE
Il n'importe.

PHILINTE
195 Vous vous tromperez.

ALCESTE
Soit, j'en veux voir le succès[2].

PHILINTE
Mais...

ALCESTE
J'aurai le plaisir de perdre mon procès.

PHILINTE
Mais enfin...

ALCESTE
Je verrai, dans cette plaiderie[3],
Si les hommes auront assez d'effronterie,
Seront assez méchants, scélérats et pervers,
200 Pour me faire injustice aux yeux de l'univers.

PHILINTE
Quel homme !

---

1. **Cabale :** intrigue, brigue, ici le complot mené contre Alceste.
2. **Succès :** issue, bonne ou mauvaise (voir aussi v. 1491).
3. **Plaiderie :** procès (sens péjoratif).

ALCESTE
Je voudrais, m'en coûtât-il grand'chose,
Pour la beauté du fait, avoir perdu ma cause.

PHILINTE
On se rirait de vous, Alceste, tout de bon,
Si l'on vous entendait parler de la façon[1].

ALCESTE
205 Tant pis pour qui rirait.

PHILINTE
Mais cette rectitude
Que vous voulez en tout avec exactitude,
Cette pleine droiture où vous vous renfermez,
La trouvez-vous ici dans ce que vous aimez ?
Je m'étonne, pour moi, qu'étant, comme il le semble,
210 Vous et le genre humain, si fort brouillés ensemble,
Malgré tout ce qui peut vous le rendre odieux,
Vous ayez pris chez lui ce qui charme vos yeux ;
Et ce qui me surprend encore davantage,
C'est cet étrange choix où votre cœur s'engage.
215 La sincère Éliante a du penchant pour vous,
La prude[2] Arsinoé vous voit d'un œil fort doux :
Cependant à leurs vœux[3] votre âme se refuse,
Tandis qu'en ses lieux Célimène l'amuse[4],
De qui l'humeur coquette et l'esprit médisant
220 Semblent si fort donner dans les mœurs d'à présent.
D'où vient que, leur portant une haine mortelle,
Vous pouvez bien souffrir ce qu'en tient cette belle[5] ?
Ne sont-ce plus défauts dans un objet[6] si doux ?
Ne les voyez-vous pas ? ou les excusez-vous ?

---

1. **De la façon** : de cette façon.
2. **Prude** : vertueuse, sage, modeste.
3. **Vœux** : désirs amoureux (voir aussi v. 466, 997, 1297, 1303, 1619, 1628).
4. **Amuse** : trompe en faisant patienter, par de vaines apparences.
5. **Ce qu'en tient cette belle** : tout ce en quoi cette belle se conforme aux « mœurs d'à présent ».
6. **Objet** : personne aimée (voir aussi v. 714, 1263, 1380).

ALCESTE

225 Non, l'amour que je sens pour cette jeune veuve
Ne ferme point mes yeux aux défauts qu'on lui treuve[1],
Et je suis, quelque ardeur qu'elle m'ait pu donner,
Le premier à les voir, comme à les condamner.
Mais, avec tout cela, quoi que je puisse faire,
230 Je confesse mon faible : elle a l'art de me plaire ;
J'ai beau voir ses défauts et j'ai beau l'en blâmer,
En dépit qu'on en ait[2], elle se fait aimer :
Sa grâce est la plus forte, et sans doute ma flamme[3]
De ces vices du temps pourra purger son âme.

PHILINTE

235 Si vous faites cela, vous ne ferez pas peu.
Vous croyez être donc aimé d'elle ?

ALCESTE

                        Oui, parbleu !
Je ne l'aimerais pas si je ne croyais l'être.

PHILINTE

Mais, si son amitié pour vous se fait paraître,
D'où vient que vos rivaux vous causent de l'ennui[4] ?

ALCESTE

240 C'est qu'un cœur bien atteint veut qu'on soit tout à lui
Et je ne viens ici qu'à dessein de lui dire
Tout ce que là-dessus ma passion m'inspire.

PHILINTE

Pour moi, si je n'avais qu'à former des désirs,
La cousine Éliante aurait tous mes soupirs.
245 Son cœur, qui vous estime, est solide et sincère,
Et ce choix, plus conforme, était mieux votre affaire.

---

1. **Treuve** : trouve, pour la rime avec « veuve » ; forme archaïque condamnée par l'usage de la cour.
2. **En dépit qu'on en ait** : quelque dépit qu'on en ait ; malgré tout.
3. **Ma flamme** : mon amour, métaphore courante au XVIIᵉ siècle. Dans le même sens, on trouve « vos feux » (v. 249).
4. **Ennui** : chagrin violent ; tourment ; désespoir (voir aussi v. 316, 1248, 1567).

ALCESTE
Il est vrai, ma raison me le dit chaque jour ;
Mais la raison n'est pas ce qui règle l'amour.

PHILINTE
Je crains fort pour vos feux, et l'espoir où vous êtes
250 Pourrait...

Nicolas Silberg (Philinte) et Simon Eine (Alceste) dans
Le Misanthrope. *Mise en scène de Simon Eine.*
Comédie-Française, 1989.

Repères

• Que savons-nous d'Alceste et de Philinte d'après la liste des personnages qui précède le texte proprement dit et d'après le titre et le sous-titre de la pièce ?
• Où se déroule la scène ?

Observation

• En étudiant les thèmes, les enjeux et les tons, repérez quatre phases dans le dialogue entre Alceste et Philinte.
Dites lesquelles sont consacrées à des considérations générales et lesquelles exposent les données de l'action.
• Montrez comment l'on passe d'une discussion sur la sincérité à un débat entre deux attitudes par rapport à la société mondaine.
• Mettez au jour les oppositions entre Alceste et Philinte : opposition entre les tons, opposition entre les tempéraments (repérez les allusions à la théorie des humeurs), opposition entre les visions du monde.
• Citez les périphrases qu'utilise Alceste pour désigner les flatteurs.
• Expliquez l'argument de Philinte aux v. 173-178 : quelle concession et quel reproche fait-il à Alceste ?
• Comment fonctionne le dialogue ? Qui pose les questions ?
• Nombreux sont les échanges de répliques brèves (un vers ou quelque vers, parfois seulement des mots) : il s'agit de stichomythies. Quel est l'effet produit aux v. 1 à 5 ? Aux v. 185-197 ?
• Aux v. 81-83 et 84-86 Philinte brosse un portrait lapidaire de la vieille Émilie et de Dorilas. Alceste, aux v. 125-144, fait le portrait de son adversaire. Dégagez les différentes fonctions de ces portraits (par rapport à l'action, par rapport à l'arrière-plan historique).
• Dans quelle scène retrouve-t-on cet art des portraits ?
• Quel thème présent dans toute la pièce apparaît ici ?
• Quel dessein formule Alceste aux v. 143-144 ?
• Retrouvez et citez les passages où Philinte met en avant l'idée qu'Alceste, dans son intransigeance, prête à rire. Relevez dans les propos d'Alceste des formes d'exagération comiques.
• Pourquoi la tactique de Philinte aux v. 205-224 est-elle particulièrement habile ?

- Quel aspect du personnage d'Alceste est ainsi révélé d'entrée de jeu ?
- Comment Alceste répond-il à cet argument ?
- Repérez les formules par lesquelles Philinte présente les personnages féminins de la pièce. Comment expliquer son point de vue sur Célimène ?
- Ce dialogue est proche de la dispute : à quoi reconnaît-on néanmoins qu'Alceste et Philinte sont amis ?

INTERPRÉTATIONS

- Récapitulez les éléments d'information que délivre cette scène. Satisfait-elle aux exigences d'une scène d'exposition (selon les règles de la dramaturgie classique une scène d'exposition doit être entière, courte, claire, intéressante et vraisemblable) ?
- À quel moment précis commence la présentation de l'action ?
- Quel est le ton de cette exposition ?
- Quel élément reste en attente et suscite la curiosité du spectateur ?
- Quel aperçu nous donne cette scène sur la société de cour ?
- Montrez qu'à travers la confrontation entre Philinte et Alceste se joue un véritable débat philosophique. À cette fin, résumez la philosophie de chaque personnage tout en citant des formules qui vous semblent particulièrement significatives.

SCÈNE 2. ORONTE, ALCESTE, PHILINTE.

ORONTE, *à Alceste.*
J'ai su là-bas[1] que pour quelques emplettes
Éliante est sortie, et Célimène aussi ;
Mais, comme l'on m'a dit que vous étiez ici,
J'ai monté pour vous dire, et d'un cœur véritable[2],
Que j'ai conçu pour vous une estime incroyable,
255 Et que depuis longtemps cette estime m'a mis
Dans un ardent désir d'être de vos amis.
Oui, mon cœur au mérite aime à rendre justice,
Et je brûle qu'un nœud d'amitié nous unisse.
Je crois qu'un ami chaud, et de ma qualité[3]
260 N'est pas assurément pour être rejeté.
C'est à vous, s'il vous plaît, que ce discours s'adresse.

(En cet endroit Alceste paraît tout rêveur et semble n'entendre pas qu'Oronte lui parle.)

ALCESTE
À moi, monsieur ?

ORONTE
À vous. Trouvez-vous qu'il vous blesse ?

ALCESTE
Non pas ; mais la surprise est fort grande pour moi,
Et je n'attendais pas l'honneur que je reçoi[4].

ORONTE
265 L'estime où je vous tiens ne doit point vous surprendre
Et de tout l'univers vous la pouvez prétendre[5].

---

1. **Là-bas :** au rez-de-chaussée. L'appartement de Célimène se situe au premier étage comme c'est l'usage dans la haute société. Elle y reçoit les visiteurs dans un salon (voir aussi v. 532, 848, 851).
2. **Véritable :** sincère.
3. **Qualité :** noblesse, rang. Renvoie à la place dans la société.
4. **Reçoi :** licence orthographique pour la rime « pour l'œil » et orthographe archaïque (voir aussi « voi », v. 455, 1733 ; « croi », v. 1191).
5. **Prétendre :** prétendre à (le verbe est transitif au XVIIe siècle).

ALCESTE

Monsieur...

ORONTE

L'État[1] n'a rien qui ne soit au-dessous
Du mérite éclatant que l'on découvre en vous.

ALCESTE

Monsieur...

ORONTE

Oui, de ma part[2], je vous tiens préférable
270   À tout ce que j'y vois de plus considérable[3].

ALCESTE

Monsieur...

ORONTE

Sois-je du ciel écrasé, si je mens !
Et, pour vous confirmer ici mes sentiments,
Souffrez qu'à cœur ouvert, monsieur, je vous embrasse,
Et qu'en votre amitié je vous demande place.
275   Touchez là[4], s'il vous plaît ; vous me la promettez,
Votre amitié ?

ALCESTE

Monsieur...

ORONTE

Quoi ! vous y résistez ?

ALCESTE

Monsieur, c'est trop d'honneur que vous me voulez faire ;
Mais l'amitié demande un peu plus de mystère,
Et c'est assurément en profaner le nom
280   Que de vouloir le mettre à toute occasion.
Avec lumière et choix cette union veut naître ;

---

1. **État** : le royaume et notamment les officiers qui occupent de hauts emplois.
2. **De ma part** : pour ma part, de mon côté (voir aussi v. 1645).
3. **À tout ce que j'y vois de plus considérable** : à toutes les personnes qui ont dans l'administration des responsabilités très importantes.
4. **Touchez là** : donnez-moi la main (signe d'amitié ou d'accord).

Avant que[1] nous lier, il faut nous mieux connaître,
Et nous pourrions avoir telles complexions[2]
Que tous deux du marché nous nous repentirions.

ORONTE

285 Parbleu ! c'est là-dessus parler en homme sage,
Et je vous en estime encore davantage.
Souffrons donc que le temps forme des nœuds si doux ;
Mais cependant[3], je m'offre entièrement à vous.
S'il faut faire à la cour pour vous quelque ouverture[4],
290 On sait qu'auprès du roi je fais quelque figure :
Il m'écoute, et dans tout il en use, ma foi,
Le plus honnêtement du monde avecque[5] moi.
Enfin je suis à vous de toutes les manières,
Et, comme votre esprit a de grandes lumières,
295 Je viens, pour commencer entre nous ce beau nœud[6],
Vous montrer un sonnet que j'ai fait depuis peu,
Et savoir s'il est bon qu'au public je l'expose.

ALCESTE

Monsieur, je suis mal propre à décider la chose,
Veuillez m'en dispenser.

ORONTE

                        Pourquoi ?

ALCESTE

                                      J'ai le défaut
300 D'être un peu plus sincère en cela qu'il ne faut.

ORONTE

C'est ce que je demande, et j'aurais lieu de plainte
Si, m'exposant à vous pour me parler[7] sans feinte,

---

1. **Avant que** : avant de.
2. **Complexions** : désigne le caractère profond, le tempérament.
3. **Cependant** : pendant ce temps.
4. **Faire à la cour pour vous quelque ouverture** : vous introduire à la cour.
5. **Avecque** : forme archaïque.
6. **Nœud** : métaphore courante pour désigner l'amitié mais aussi l'amour.
7. **Pour me parler** : pour que vous me parliez.

Vous alliez me trahir et me déguiser rien[1].

ALCESTE

Puisqu'il vous plaît ainsi, monsieur, je le veux bien.

ORONTE

305 « Sonnet... » C'est un sonnet. « L'espoir... » C'est une dame
Qui de quelque espérance avait flatté ma flamme.
« L'espoir... » Ce ne sont point de ces grands vers pompeux,
Mais de petits vers doux, tendres et langoureux.
        (*À toutes ces interruptions, il regarde Alceste.*)

ALCESTE

Nous verrons bien.

ORONTE

            « L'espoir... » Je ne sais si le style
310 Pourra vous en paraître assez net et facile,
Et si du choix des mots vous vous contenterez.

ALCESTE

Nous allons voir, monsieur.

ORONTE

                Au reste, vous saurez
Que je n'ai demeuré qu'un quart d'heure à le faire.

ALCESTE

Voyons, monsieur ; le temps ne fait rien à l'affaire.

ORONTE

315   L'espoir, il est vrai, nous soulage
                Et nous berce un temps notre ennui ;
                Mais, Philis, le triste avantage
                Lorsque rien ne marche après lui !

PHILINTE

Je suis déjà charmé de ce petit morceau.

ALCESTE, *bas.*

320 Quoi ! vous avez le front[2] de trouver cela beau ?

---

1. **Rien** : quelque chose.
2. **Le front** : l'audace.

ORONTE
Vous eûtes de la complaisance ;
Mais vous en deviez moins avoir
Et ne vous pas mettre en dépense
Pour ne me donner que l'espoir.

PHILINTE
325 Ah ! qu'en termes galants[1] ces choses-là sont mises !

ALCESTE, *bas.*
Morbleu ! vil complaisant, vous louez des sottises ?

ORONTE
S'il faut qu'une attente éternelle
Pousse à bout l'ardeur de mon zèle[2],
Le trépas sera mon recours.

330 Vos soins[3] ne m'en peuvent distraire[4] ;
Belle Philis, on désespère
Alors qu'on espère toujours.[5]

PHILINTE
La chute en est jolie, amoureuse, admirable

ALCESTE, *bas.*
La peste de ta chute[6], empoisonneur au diable[7] !
335 En eusses-tu fait une à te casser le nez !

PHILINTE
Je n'ai jamais ouï de vers si bien tournés.

ALCESTE, *bas.*
Morbleu !

----

1. **Galants :** gracieux, distingués, subtils (le terme a, au XVIIᵉ siècle, un sens plus large qu'aujourd'hui).
2. **Zèle :** passion, amour ; dévotion, ferveur religieuse (voir v. 854, 925, 941) ; dévouement (voir v. 912, 960, 1461, 1519).
3. **Soins :** marques d'attention dont on fait preuve auprès de l'être aimé (voir v. 1658).
4. **Distraire :** détourner.
5. Le jeu verbal sur l'espoir et le désespoir amoureux est banal. Cette formule précieuse n'est pas particulièrement originale.
6. **Chute :** formule brillante qui conclut un sonnet.
7. **Empoisonneur au diable :** bon à être envoyé au diable (voir aussi v. 1473).

ORONTE
Vous me flattez, et vous croyez peut-être...

PHILINTE
Non, je ne flatte point.

ALCESTE, *bas.*
Et que fais-tu donc, traître ?

ORONTE, *à Alceste.*
Mais, pour vous, vous savez quel est notre traité :
340 Parlez-moi, je vous prie, avec sincérité.

ALCESTE
Monsieur, cette matière est toujours délicate,
Et sur le bel esprit nous aimons qu'on nous flatte ;
Mais, un jour, à quelqu'un, dont je tairai le nom,
Je disais, en voyant des vers de sa façon,
345 Qu'il faut qu'un galant homme[1] ait toujours grand empire
Sur les démangeaisons qui nous prennent d'écrire ;
Qu'il doit tenir la bride aux grands empressements
Qu'on a de faire éclat de[2] tels amusements,
Et que, par la chaleur[3] de montrer ses ouvrages,
350 On s'expose à jouer de mauvais personnages[4].

ORONTE
Est-ce que vous voulez me déclarer par là
Que j'ai tort de vouloir...

ALCESTE
Je ne dis pas cela ;
Mais, je lui disais, moi, qu'un froid écrit assomme,
Qu'il ne faut que ce faible à décrier un homme[5],
355 Et qu'eût-on d'autre part cent belles qualités,

---

1. **Galant homme** : homme d'honneur, distingué, de bonne compagnie, de la bonne société.
2. **Faire éclat de** : révéler publiquement.
3. **Chaleur** : désir ardent.
4. **Personnages** : rôles.
5. **Qu'il ne faut [...] homme** : qu'il suffit de cette faiblesse pour décrier un homme.

On regarde les gens par leurs méchants[1] côtés.

ORONTE

Est-ce qu'à mon sonnet vous trouvez à redire ?

ALCESTE

Je ne dis pas cela ; mais pour ne point écrire[2],
Je lui mettais aux yeux comme, dans notre temps,
360 Cette soif a gâté de fort honnêtes gens.

ORONTE

Est-ce que j'écris mal ? et leur ressemblerais-je ?

ALCESTE

Je ne dis pas cela. Mais enfin, lui disais-je,
Quel besoin si pressant avez-vous de rimer,
Et qui diantre vous pousse à vous faire imprimer ?
365 Si l'on peut pardonner l'essor d'un mauvais livre,
Ce n'est qu'aux malheureux qui composent pour vivre.
Croyez-moi, résistez à vos tentations,
Dérobez au public ces occupations,
Et n'allez point quitter, de quoi que l'on vous somme,
370 Le nom que dans la cour vous avez d'honnête homme,
Pour prendre, de la main d'un avide imprimeur,
Celui de ridicule et misérable auteur.
C'est ce que je tâchai de lui faire comprendre.

ORONTE

Voilà qui va fort bien, et je crois vous entendre[3].
375 Mais ne puis-je savoir ce que dans mon sonnet...

---

1. **Méchants :** mauvais (le terme, au XVIIe siècle, s'applique aussi aux inanimés).
2. **Pour ne point écrire :** pour qu'il n'écrivît point.
3. **Entendre :** comprendre (voir aussi v. 1668).

ALCESTE

Franchement, il est bon à mettre au cabinet[1] ;
Vous vous êtes réglé sur de méchants modèles,
Et vos expressions ne sont point naturelles.
Qu'est-ce que « Nous berce un temps notre ennui » ?
380 Et que « Rien ne marche après lui » ?
Que « Ne vous pas mettre en dépense
Pour ne me donner que l'espoir » ?
Et que « Philis, on désespère
Alors qu'on espère toujours » ?
385 Ce style figuré[2], dont on fait vanité,
Sort du bon caractère et de la vérité ;
Ce n'est que jeu de mots, qu'affectation pure,
Et ce n'est point ainsi que parle la nature.
Le méchant goût du siècle en cela me fait peur ;
390 Nos pères, tout grossiers[3], l'avaient beaucoup meilleur,
Et je prise bien moins tout ce que l'on admire
Qu'une vieille chanson que je m'en vais vous dire :

Si le roi m'avait donné
Paris, sa grand'ville,
395 Et qu'il me fallût quitter
L'amour de ma mie,
Je dirais au roi Henri :
Reprenez votre Paris,
J'aime mieux ma mie, au gué,
400 J'aime mieux ma mie.
La rime n'est pas riche, et le style en est vieux ;

---

1. **Cabinet** : ce mot a suscité de nombreuses interprétations. Dire que le sonnet d'Oronte est bon à « mettre au cabinet » signifie qu'il est mauvais et ne doit pas sortir du meuble à tiroirs appelé « cabinet » dans lequel on range les papiers personnels. Mais sous cette formule décente peut se glisser aussi une plaisanterie plus franche : « cabinet » avait aussi en effet au XVIIe siècle le sens actuel de « cabinets », ou « toilettes ».
2. **Style figuré** : qui utilise les figures comme les métaphores ou les comparaisons.
3. **Tout grossiers** : aussi grossiers qu'ils étaient.

Mais ne voyez-vous pas que cela vaut bien mieux
Que ces colifichets[1] dont le bon sens murmure,
Et que la passion parle là toute pure ?

405   Si le roi m'avait donné
                    Paris, sa grand'ville,
               Et qu'il me fallût quitter
                    L'amour de ma mie,
               Je dirais au roi Henri :
410   Reprenez votre Paris,
                    J'aime mieux ma mie, au gué,
                    J'aime mieux ma mie.

Voilà ce que peut dire un cœur vraiment épris.
    (À Philinte.)
Oui, monsieur le rieur, malgré vos beaux esprits,
415 J'estime plus cela que la pompe[2] fleurie
De tous ces faux brillants, où chacun se récrie[3].

               ORONTE
Et moi, je vous soutiens que mes vers sont fort bons.

               ALCESTE
Pour les trouver ainsi vous avez vos raisons ;
Mais vous trouverez bon que j'en puisse avoir d'autres
420 Qui se dispenseront de se soumettre aux vôtres.

               ORONTE
Il me suffit de voir que d'autres en font cas.

               ALCESTE
C'est qu'ils ont l'art de feindre ; et moi, je ne l'ai pas.

               ORONTE
Croyez-vous donc avoir tant d'esprit en partage ?

               ALCESTE
Si je louais vos vers, j'en aurais davantage.

---

1. **Colifichets** : ornements frivoles ; petits objets sans valeur.
2. **Pompe** : noblesse du style, emphase.
3. **Où chacun se récrie** : à propos desquels chacun pousse des cris d'admiration.

ORONTE

425 Je me passerai bien que vous les approuviez.

ALCESTE

Il faut bien, s'il vous plaît, que vous vous en passiez.

ORONTE

Je voudrais bien, pour voir, que, de votre manière,
Vous en composassiez sur la même matière.

ALCESTE

J'en pourrais, par malheur, faire d'aussi méchants ;
430 Mais je me garderais de les montrer aux gens.

ORONTE

Vous me parlez bien ferme, et cette suffisance...

ALCESTE

Autre part que chez moi cherchez qui vous encense.

ORONTE

Mais, mon petit monsieur, prenez-le un peu moins haut.

ALCESTE

Ma foi, mon grand monsieur, je le prends comme il faut.

PHILINTE, *se mettant entre deux.*

435 Eh ! messieurs, c'en est trop ; laissez cela, de grâce !

ORONTE

Ah ! j'ai tort, je l'avoue, et je quitte la place.
Je suis votre valet, monsieur, de tout mon cœur.

ALCESTE

Et moi je suis, monsieur, votre humble serviteur.

SCÈNE 3. PHILINTE, ALCESTE.

PHILINTE

Hé bien ! vous le voyez : pour être trop sincère,
440 Vous voilà sur les bras une fâcheuse affaire ;
Et j'ai bien vu qu'Oronte, afin d'être flatté...

ALCESTE

Ne me parlez pas.

PHILINTE

Mais...

ALCESTE

Plus de société[1].

PHILINTE

C'est trop...

ALCESTE

Laissez-moi là.

PHILINTE

Si je...

ALCESTE

Point de langage.

PHILINTE

Mais quoi !...

ALCESTE

Je n'entends rien.

PHLINTE

Mais...

ALCESTE

Encore ?

PHILINTE

On outrage...

ALCESTE

445 Ah ! Parbleu ! c'en est trop, ne suivez point mes pas.

PHILINTE

Vous vous moquez de moi, je ne vous quitte pas.

---

1. **Plus de société** : laissez-moi seul.

RÉPUBLIQUE FRANÇAISE 8f

POSTES

CÉLIMÈNE
DANS LE MISANTHROPE DE MOLIÈRE

Timbre gravé par R. Cottet d'après un dessin de R. Cami
(© A.D.A.G.P.), émis en 1953. Musée de la Poste, Paris.

REPÈRES

• La visite d'Oronte était-elle attendue ?
• Étudiez la liaison entre la scène 1 et la scène 2.
• Y a-t-il dans la pièce d'autres visiteurs ?
• Quelle dimension prend dès à présent la maison de Célimène ?
• En quoi l'attitude de Philinte dans la scène 2 est-elle à l'origine du refus d'Alceste de lui parler dans la scène 3 ?

OBSERVATION

• En rapprochant la scène 2 de la scène 1, dégagez l'aspect comique de la situation.
• Quel est le statut dramatique d'Oronte par rapport à Alceste (regardez la liste des personnages) ?
• Quelle est la stratégie adoptée par Oronte pour introduire sa requête ?
• Quel argument utilise-t-il face à la résistance d'Alceste (v. 289-292) ?
• Relevez dans son discours des hyperboles et des expressions empruntées au lexique de l'amour.
• Quel est l'effet produit ?
• Donnez un exemple de comique de répétition.
• Caractérisez la lecture du poème. Quel est l'effet produit par les interruptions ? Par les apartés d'Alceste avec Philinte ?
• En vous appuyant sur les indications scéniques contenues dans le discours même des personnages, imaginez la gestuelle des acteurs.
• Que pensez-vous du poème d'Oronte ?
• Justifiez l'expression d'Alceste qui parle de « *style figuré* » et d'« *expressions point naturelles* ».
• Après la lecture du sonnet, quel artifice utilise Alceste pour répondre à la sollicitation d'Oronte ?
• Montrez qu'Alceste diffère son jugement tout en pratiquant l'art du sous-entendu.
• Comment Oronte finit-il par obtenir l'avis d'Alceste ?
• Commentez le v. 376. Repérez dans la tirade d'Alceste (v. 376-416) les termes et les expressions qui se rapportent à l'art d'Oronte et ceux qui se rapportent à l'art défendu par Alceste.

• En quoi la chanson citée par Alceste relève-t-elle d'une esthétique désuète (référez vous à ce que disait Philinte d'Alceste au v. 153) ?

• Quelle forme de l'écriture théâtrale est utilisée aux v. 421-434 ? Qu'exprime-t-elle ?

• Dans la scène 3, quelle modalité de phrase domine dans les répliques d'Alceste ?

• Qu'annonce la réplique de Philinte ?

• Comparez les répliques d'Alceste dans la scène 3 avec le début de la scène 1 : à quoi aboutissent la répétition et l'outrance verbale ? Imaginez le jeu des acteurs dans la scène 3.

INTERPRÉTATIONS

• À la scène 1, Alceste a proclamé sa haine de l'hypocrisie mondaine. Dans quelle mesure cette scène complète-t-elle la présentation de ce personnage de misanthrope ?

• Montrez qu'à travers le personnage d'Oronte Molière caricature la figure du courtisan mondain.

• Montrez comment à travers cette confrontation comique se joue un débat tout à la fois moral et esthétique.

• La chanson d'Alceste vous semble-t-elle meilleure que le sonnet d'Oronte ? Pourquoi ?

Définition

Dans l'acte I, on trouve plusieurs exemples de stichomythie. Très utilisé dans le théâtre classique, ce procédé se définit comme un dialogue où chaque réplique s'étend seulement sur un vers (v. 421 à 426). Mais, au sens large, la stichomythie s'applique aussi à une succession de répliques de deux vers chacune (v. 427-430), ainsi qu'à des répliques courtes, quoique plus irrégulières, comme dans la scène 1 (v. 185-196). Si le dialogue entre Alceste et Philinte commence par une stichomythie au sens strict, ce rythme est brisé par des coupes inhabituelles (voir en particulier les v. 194 et 196), qui permettent d'atténuer le côté artificiel et figé du procédé et de rendre ainsi le dialogue plus vivant. La stichomythie donne lieu à des types particuliers d'écriture, comme des répétitions, sous forme de reprises de mots d'une réplique à l'autre. Un exemple figure aux v. 433-434, où Alceste reprend tout en le déformant le « *mon petit monsieur* » d'Oronte. Dans la scène 2 de l'acte V (v. 1613-1622), Alceste reprend systématiquement les débuts de vers d'Oronte.

Significations

En raison de sa forme, la stichomythie est un moyen privilégié d'exprimer l'opposition de deux idées ou de deux volontés. C'est le cas dans la scène 1, où Philinte tente de convaincre Alceste de solliciter des juges dans son procès, ce qu'il se refuse à faire. De même, dans la scène 2, la stichomythie permet de traduire l'affrontement entre Alceste et Oronte. Aux scènes 2 et 3 de l'acte V, la stichomythie a une autre signification. Alceste et Oronte, quoique toujours rivaux, ne s'opposent plus mais cherchent avant tout à faire parler Célimène. Le rythme rapide de la stichomythie rend bien la pression qu'ils exercent sur celle-ci. Mais dans *Le Misanthrope*, la stichomythie est aussi particulièrement apte à dépeindre le caractère atrabilaire d'Alceste. Ainsi, dans la scène 3, la stichomythie apparaît comme une bribe de parole qu'Alceste se résout à lâcher, mais qu'il ne veut pas prolonger. On est à la limite de la stichomythie : en effet, celle-ci suppose un échange de paroles symétriques, ce à quoi Alceste se refuse ici.

ACTE II

SCÈNE PREMIÈRE. ALCESTE, CÉLIMÈNE.

ALCESTE

Madame, voulez-vous que je vous parle net ?
De vos façons d'agir je suis mal satisfait ;
Contre elles dans mon cœur trop de bile[1] s'assemble,
450 Et je sens qu'il faudra que nous rompions ensemble.
Oui, je vous tromperais de parler autrement :
Tôt ou tard nous romprons indubitablement,
Et je vous promettrais mille fois le contraire
Que je ne serais pas en pouvoir de le faire.

CÉLIMÈNE

455 C'est pour me quereller donc, à ce que je voi,
Que vous avez voulu me ramener chez moi ?

ALCESTE

Je ne querelle point ; mais votre humeur, madame,
Ouvre au premier venu trop d'accès dans votre âme ;
Vous avez trop d'amants[2], qu'on voit vous obséder[3],
460 Et mon cœur de cela ne peut s'accommoder.

CÉLIMÈNE

Des amants que je fais me rendez-vous coupable ?
Puis-je empêcher les gens de me trouver aimable[4] ?
Et, lorsque pour me voir ils font de doux efforts,
Dois-je prendre un bâton et les mettre dehors ?

ALCESTE

465 Non, ce n'est pas, madame, un bâton qu'il faut prendre,
Mais un cœur à leurs vœux moins facile et moins tendre.

---

1. **Bile :** voir note 3 p. 38.
2. **Amants :** soupirants, prétendants.
3. **Obséder :** fréquenter assidûment ; entourer, assiéger.
4. **Aimable :** digne d'être aimé.

Le Misanthrope, *mis en scène par Jean-Louis Barrault
(Alceste), avec Madeleine Renaud (Célimène)
au théâtre Marigny, en 1954.*

Je sais que vos appas vous suivent en tous lieux ;
Mais votre accueil retient ceux qu'attirent vos yeux,
Et sa douceur, offerte à qui vous rend les armes,
470 Achève sur les cœurs l'ouvrage de vos charmes[1].
Le trop riant espoir que vous leur présentez
Attache autour de vous leurs assiduités,
Et votre complaisance un peu moins étendue
De tant de soupirants chasserait la cohue.
475 Mais au moins dites-moi, madame, par quel sort

---

1. **Charmes :** le mot « charme » a au XVIIᵉ siècle un sens fort. Il évoque un
attrait irrésistible analogue à un pouvoir magique.

Votre Clitandre a l'heur[1] de vous plaire si fort.
Sur quel fonds de mérite et de vertu sublime
Appuyez-vous en lui l'honneur de votre estime ?
Est-ce par l'ongle long qu'il porte au petit doigt[2]
480 Qu'il s'est acquis chez vous l'estime où l'on le voit ?
Vous êtes-vous rendue, avec tout le beau monde,
Au mérite éclatant de sa perruque blonde ?
Sont-ce ses grands canons[3] qui vous le font aimer ?
L'amas de ses rubans a-t-il su vous charmer ?
485 Est-ce par les appas de sa vaste rhingrave[4]
Qu'il a gagné votre âme, en faisant votre esclave ?
Ou sa façon de rire et son ton de fausset
Ont-ils de vous toucher su trouver le secret ?

CÉLIMÈNE

Qu'injustement de lui vous prenez de l'ombrage[5] !
490 Ne savez-vous pas bien pourquoi je le ménage,
Et que dans mon procès, ainsi qu'il m'a promis,
Il peut intéresser tout ce qu'il a d'amis ?

ALCESTE

Perdez votre procès, madame, avec constance[6],
Et ne ménagez point un rival qui m'offense.

CÉLIMÈNE

495 Mais de tout l'univers vous devenez jaloux.

ALCESTE

C'est que tout l'univers est bien reçu de vous.

---

1. **Heur** : chance.
2. **Est-ce [...] doigt** : mode en usage chez les petits marquis.
3. **Canons** : pièces de toile ornées de rubans qu'on attachait au-dessous du genou.
4. **Rhingrave** : culotte de cheval très ample attachée par le bas avec des rubans.
5. **Prendre de l'ombrage** : manifester de la défiance, être jaloux.
6. **Avec constance** : sans en être affectée.

CÉLIMÈNE

C'est ce qui doit rasseoir[1] votre âme effarouchée,
Puisque ma complaisance est sur tous épanchée ;
Et vous auriez plus lieu de vous en offenser
500 Si vous me la voyiez sur un seul ramasser.

ALCESTE

Mais moi, que vous blâmez de trop de jalousie,
Qu'ai-je de plus qu'eux tous, madame, je vous prie ?

CÉLIMÈNE

Le bonheur de savoir que vous êtes aimé.

ALCESTE

Et quel lieu de le croire a mon cœur enflammé ?

CÉLIMÈNE

505 Je pense qu'ayant pris le soin de vous le dire,
Un aveu de la sorte a de quoi vous suffire.

ALCESTE

Mais qui m'assurera que dans le même instant
Vous n'en disiez peut-être aux autres tout autant ?

CÉLIMÈNE

Certes, pour un amant, la fleurette[2] est mignonne,
510 Et vous me traitez là de gentille[3] personne.
Hé bien ! pour vous ôter d'un semblable souci,
De tout ce que j'ai dit je me dédis ici,
Et rien ne saurait plus vous tromper que vous-même :
Soyez content.

ALCESTE

Morbleu ! faut-il que je vous aime !
515 Ah ! que si[4] de vos mains je rattrape mon cœur,

---

1. **Rasseoir** : apaiser, rassurer.
2. **Fleurette** : propos galant.
3. **Gentille** : noble, distinguée.
4. **Que si** : si.

Je bénirai le ciel de ce rare bonheur !
Je ne le cèle[1] pas, je fais tout mon possible
À rompre de ce cœur l'attachement terrible ;
Mais mes plus grands efforts n'ont rien fait jusqu'ici,
520 Et c'est pour mes péchés que je vous aime ainsi.

CÉLIMÈNE

Il est vrai, votre ardeur est pour moi sans seconde[2].

ALCESTE

Oui, je puis là-dessus défier tout le monde ;
Mon amour ne se peut concevoir et jamais
Personne n'a, madame, aimé comme je fais.

CÉLIMÈNE

525 En effet, la méthode en est toute nouvelle,
Car vous aimez les gens pour leur faire querelle ;
Ce n'est qu'en mots fâcheux qu'éclate votre ardeur,
Et l'on n'a jamais vu un amour si grondeur.

ALCESTE

Mais il ne tient qu'à vous que son chagrin ne passe,
530 À tous nos démêlés coupons chemin, de grâce,
Parlons à cœur ouvert, et voyons d'arrêter...

SCÈNE 2. CÉLIMÈNE, ALCESTE, BASQUE.

CÉLIMÈNE

Qu'est-ce ?

BASQUE

Acaste est là-bas.

CÉLIMÈNE

Hé bien ! faites monter.

ALCESTE

Quoi ! l'on ne peut jamais vous parler tête à tête ?
À recevoir le monde on vous voit toujours prête,

---

1. **Celer** : cacher.
2. **Sans seconde** : sans pareille.

Repères

• Détaillez les raisons pour lesquelles la scène 1 de l'acte II est attendue par le spectateur.
• Relevez dans le texte une indication permettant de reconstituer ce qui s'est passé entre la fin de l'acte I et le début de l'acte II.

Observation

• Quel ton adopte d'abord Célimène pour contrer l'attaque d'Alceste (v. 461-464) ?
• Quel argument utilise-t-elle pour justifier ses relations avec les marquis ?
• En quoi la peinture du siècle amorcée dans l'acte I se trouve-t-elle ici complétée ?
• Étudiez le portrait de Clitandre (v. 475-488) : caractérisez le ton du portrait et l'effet produit par l'alliance de deux champs lexicaux.
• Quelles sont les motivations d'Alceste quand il trace ce portrait ?
• Quel trait du personnage de Célimène se révèle aux v. 511-514 (qui reviennent brutalement sur l'aveu formulé au v. 503) ?
• En quoi Célimène répond-elle à la définition de la précieuse ?
• Quelle est l'efficacité de cette stratégie sur Alceste ?
• Mettez en relation les v. 505-506, 509-514 et les v. 525-528 : à quel code de l'amour ces vers font-ils référence ? Alceste observe-t-il ce code ?
• En quels termes déclare-t-il son amour (v. 514-520) ? Comparez cette déclaration avec celle de Philinte à Éliante (acte IV scène 1, v. 1206-1212).
• Quel ton adopte Célimène à partir du v. 509 ?
• Comparez les premières et les dernières répliques d'Alceste.

Interprétations

• De quel type comique Alceste se rapproche-t-il ici ?
• En quoi l'« *humeur coquette* » de Célimène annoncée par Philinte au v. 219 se trouve-t-elle ici directement confirmée ?

535 Et vous ne pouvez pas, un seul moment de tous,
Vous résoudre à souffrir de n'être pas chez vous[1] ?

CÉLIMÈNE

Voulez-vous qu'avec lui je me fasse une affaire ?

ALCESTE

Vous avez des regards[2] qui ne sauraient me plaire.

CÉLIMÈNE

C'est un homme à jamais ne me le pardonner,
540 S'il savait que sa vue eût pu m'importuner.

ALCESTE

Et que vous fait cela pour vous gêner de sorte ?...

CÉLIMÈNE

Mon Dieu ! de ses pareils la bienveillance importe,
Et ce sont de ces gens qui, je ne sais comment,
Ont gagné[3] dans la cour de parler hautement.
545 Dans tous les entretiens on les voit s'introduire ;
Ils ne sauraient servir, mais ils peuvent nous nuire,
Et jamais, quelque appui qu'on puisse avoir ailleurs,
On ne doit se brouiller avec ces grands brailleurs[4].

ALCESTE

Enfin, quoi qu'il en soit et sur quoi qu'on se fonde,
550 Vous trouvez des raisons pour souffrir tout le monde,
Et les précautions de votre jugement...

---

1. **Vous résoudre [...] vous** : faire dire que vous êtes sortie.
2. **Regards** : précautions exagérées, égards.
3. **Ont gagné** : ont acquis le droit.
4. **Brailleurs** : braillards.

SCÈNE 3. BASQUE, ALCESTE, CÉLIMÈNE.

BASQUE

Voici Clitandre encor, madame.

ALCESTE

               Justement.

(Il témoigne vouloir s'en aller.)

CÉLIMÈNE

Où courez-vous ?

ALCESTE

      Je sors.

CÉLIMÈNE

      Demeurez.

ALCESTE

             Pour quoi faire ?

CÉLIMÈNE

Demeurez.

ALCESTE

     Je ne puis.

CÉLIMÈNE

     Je le veux.

ALCESTE

           Point d'affaire[1] ;

555 Ces conversations ne font que m'ennuyer,
Et c'est trop que vouloir me les faire essuyer[2].

CÉLIMÈNE

Je le veux, je le veux.

ALCESTE

     Non, il m'est impossible.

CÉLIMÈNE

Hé bien ! allez, sortez, il vous est tout loisible.

---

1. **Point d'affaire :** c'est inutile.
2. **Essuyer :** subir, endurer, supporter (voir aussi v. 576).

REPÈRES

• À quelle visite imprévue Alceste a-t-il déjà été confronté dans l'acte I ?
• A-t-on déjà parlé de Clitandre ?

OBSERVATION

• Quel personnage apparaît dans les scènes 2 et 3 ?
• Quel est son rôle ?
• Comment Célimène justifie-t-elle son attitude envers Acaste ?
• Sa conception des relations sociales (v. 542-558) est-elle la même que celle qu'exprime Philinte à la scène 1 de l'acte I ?
• Quelles caractéristiques du personnage d'Acaste sont mises en valeur ?
• Donnez deux raisons qui rendent l'annonce de l'arrivée de Clitandre particulièrement drôle.
• Que désigne ici le terme « *conversation* » (v. 555) ?
• Sur quel ton Célimène s'adresse-t-elle à Alceste à la fin de la scène 3 ? Au nom de quoi exerce-t-elle ainsi son autorité ?
• Étudiez le rythme des répliques : quel est l'effet produit ?

INTERPRÉTATIONS

• Dans quelle mesure ces visites impromptues constituent-elles un obstacle pour le projet d'Alceste ?
• Montrez que les scènes 2 et 3 sont des scènes de liaison.
• Les scènes 2 et 3 interrompent le dialogue entre Célimène et Alceste inauguré à la scène 1. Mais n'en sont-elles pas aussi le prolongement ?

SCÈNE 4. ÉLIANTE, PHILINTE, ACASTE, CLITANDRE, ALCESTE, CÉLIMÈNE, BASQUE.

ÉLIANTE

Voici les deux marquis qui montent avec nous ;
560 Vous l'est-on venu dire ?

CÉLIMÈNE

Oui, des sièges pour tous !

(À Alceste.)
Vous n'êtes pas sorti ?

ALCESTE

Non ; mais je veux, madame,
Ou pour eux, ou pour moi, faire expliquer[1] votre âme.

CÉLIMÈNE

Taisez-vous.

ALCESTE

Aujourd'hui vous vous expliquerez.

CÉLIMÈNE

Vous perdez le sens.

ALCESTE

Point. Vous vous déclarerez.

CÉLIMÈNE

565 Ah !

ALCESTE

Vous prendrez parti.

CÉLIMÈNE

Vous vous moquez, je pense.

ALCESTE

Non, mais vous choisirez ; c'est trop de patience.

---

1. **Expliquer** : se déclarer ouvertement (voir aussi v. 1608).

CLITANDRE

Parbleu ! je viens du Louvre, où Cléonte, au levé[1],
Madame, a bien paru ridicule achevé.
N'a-t-il point quelque ami qui pût, sur ses manières,
570 D'un charitable avis lui prêter les lumières ?

CÉLIMÈNE

Dans le monde, à vrai dire, il se barbouille[2] fort ;
Partout il porte un air qui saute aux yeux d'abord ;
Et, lorsqu'on le revoit après un peu d'absence,
On le retrouve encor plus plein d'extravagance.

ACASTE

575 Parbleu ! s'il faut parler de gens extravagants,
Je viens d'en essuyer un des plus fatigants,
Damon, le raisonneur[3], qui m'a, ne vous déplaise,
Une heure, au grand soleil, tenu hors de ma chaise[4].

CÉLIMÈNE

C'est un parleur étrange, et qui trouve toujours
580 L'art de ne vous rien dire avec de grands discours ;
Dans les propos qu'il tient on ne voit jamais goutte,
Et ce n'est que du bruit que tout ce qu'on écoute.

ÉLIANTE, à *Philinte*.

Ce début n'est pas mal ; et contre le prochain
La conversation prend un assez bon train.

CLITANDRE

585 Timante encor, madame, est un bon caractère[5].

---

1. **Levé** : il s'agit du « petit lever » du roi, première cérémonie publique de la journée, qui avait lieu aussitôt que le roi avait récité sa prière. Seuls quelques privilégiés y étaient admis. Le « grand lever » avait lieu après la toilette.
2. **Se barbouiller** : se rendre ridicule.
3. **Raisonneur** : ici signifie simplement « bavard ».
4. **Chaise** : chaise à porteurs.
5. **Caractère** : type à étudier, à décrire (d'où le titre donné à son recueil de portraits par La Bruyère : *Les Caractères*).

CÉLIMÈNE

C'est, de la tête aux pieds, un homme tout mystère,
Qui vous jette en passant un coup d'œil égaré,
Et, sans aucune affaire, est toujours affairé.
Tout ce qu'il vous débite en grimaces abonde ;
590 À force de façons[1], il assomme le monde :
Sans cesse il a, tout bas, pour rompre l'entretien,
Un secret à vous dire, et ce secret n'est rien ;
De la moindre vétille il fait une merveille,
Et, jusques au bonjour, il dit tout à l'oreille.

ACASTE

595 Et Géralde, madame ?

CÉLIMÈNE

Ô l'ennuyeux conteur !
Jamais on le ne voit sortir du grand seigneur[2] ;
Dans le brillant commerce[3] il se mêle sans cesse
Et ne cite jamais que duc, prince ou princesse :
La qualité l'entête[4], et tous ses entretiens
600 Ne sont que de chevaux, d'équipage et de chiens ;
Il tutaye[5] en parlant ceux du plus haut étage,
Et le nom de monsieur est chez lui hors d'usage.

CLITANDRE

On dit qu'avec Bélise il est du dernier bien[6].

CÉLIMÈNE

Le pauvre esprit de femme, et le sec entretien !
605 Lorsqu'elle vient me voir, je souffre le martyre :
Il faut suer sans cesse à chercher que lui dire,
Et la stérilité de son expression
Fait mourir à tous coups la conversation.

---

1. **Façons** : manières empreintes d'affectation.
2. **Jamais [...] seigneur** : il ne parle que des gens de haut rang.
3. **Brillant commerce** : brillantes relations.
4. **La qualité l'entête** : le rang social, la noblesse, lui hante l'esprit au point de le rendre fou.
5. **Tutaye** : tutoie.
6. **Du dernier bien** : au mieux.

En vain, pour attaquer son stupide silence,
610 De tous les lieux communs vous prenez l'assistance :
Le beau temps et la pluie, et le froid et le chaud
Sont des fonds qu'avec elle on épuise bientôt.
Cependant sa visite, assez[1] insupportable,
Traîne en une longueur encore épouvantable,
615 Et l'on demande l'heure, et l'on bâille vingt fois,
Qu'elle grouille[2] aussi peu qu'une pièce de bois.

ACASTE
Que vous semble d'Adraste ?

CÉLIMÈNE
                                    Ah ! quel orgueil extrême !
C'est un homme gonflé de l'amour de soi-même ;
Son mérite jamais n'est content de la cour,
620 Contre elle il fait métier de pester chaque jour.
Et l'on ne donne emploi, charge ni bénéfice[3],
Qu'à tout ce qu'il se croit on ne fasse injustice[4].

CLITANDRE
Mais le jeune Cléon, chez qui vont aujourd'hui
Nos plus honnêtes gens, que dites-vous de lui ?

CÉLIMÈNE
625 Que de son cuisinier il s'est fait un mérite,
Et que c'est à sa table à qui l'on rend visite.

ÉLIANDRE
Il prend soin d'y servir des mets fort délicats.

CÉLIMÈNE
Oui, mais je voudrais bien qu'il ne s'y servît pas ;
C'est un fort méchant plat que sa sotte personne,

---

1. **Assez** : très, particulièrement.
2. **Grouille** : bouge, remue. Terme expressif mais familier et méprisant. On corrigera ce vers en 1682 en « Qu'elle s'émeut autant qu'une pièce de bois ».
3. **Et l'on ne donne emploi, charge ni bénéfice** : l'« emploi » est une charge temporaire, alors que la « charge » est permanente ; le « bénéfice » est une charge ecclésiastique.
4. **Qu'à tout [...] injustice** : sans qu'on ne soit injuste envers son mérite.

630 Et qui gâte, à mon goût, tous les repas qu'il donne.

PHILINTE

On fait assez de cas de son oncle Damis.
Qu'en dites-vous, madame ?

CÉLIMÈNE

Il est de mes amis.

PLILINTE

Je le trouve honnête homme et d'un air assez sage.

CÉLIMÈNE

Oui, mais il veut avoir trop d'esprit, dont j'enrage :
635 Il est guindé sans cesse, et dans tous ses propos
On voit qu'il se travaille[1] à dire de bons mots.
Depuis que dans la tête il s'est mis d'être habile[2],
Rien ne touche son goût, tant il est difficile ;
Il veut voir des défauts à tout ce qu'on écrit,
640 Et pense que louer n'est pas d'un bel esprit[3],
Que c'est être savant que trouver à redire,
Qu'il n'appartient qu'aux sots d'admirer et de rire,
Et qu'en n'approuvant rien des ouvrages du temps
Il se met au-dessus de tous les autres gens.
645 Aux conversations même il trouve à reprendre,
Ce sont propos trop bas pour y daigner descendre,
Et, les deux bras croisés, du haut de son esprit
Il regarde en pitié tout ce que chacun dit.

ACASTE

Dieu me damne ! Voilà son portrait véritable.

CLITANDRE

650 Pour bien peindre les gens[4] vous êtes admirable !

---

1. **Se travaille :** se torture, se fatigue.
2. **Habile :** qui a de l'esprit et de la science.
3. **N'est pas d'un bel esprit :** n'est pas digne d'un bel esprit.
4. **Peindre les gens :** l'art de faire des portraits était très à la mode dans les salons.

ALCESTE

Allons, ferme, poussez[1], mes bons amis de cour !
Vous n'en épargnez point, et chacun a son tour.
Cependant aucun d'eux à vos yeux ne se montre
Qu'on ne vous voie en hâte aller à sa rencontre,
655 Lui présenter la main et d'un baiser flatteur
Appuyer les serments d'être son serviteur.

CLITANDRE

Pourquoi s'en prendre à nous ? Si ce qu'on dit vous blesse,
Il faut que le reproche à madame s'adresse.

ALCESTE

Non, morbleu ! c'est à vous ; et vos ris[2] complaisants
660 Tirent de son esprit tous ces traits médisants ;
Son humeur satirique est sans cesse nourrie
Par le coupable encens de votre flatterie,
Et son cœur à railler trouverait moins d'appas
S'il avait observé qu'on ne l'applaudît pas.
665 C'est ainsi qu'aux flatteurs on doit partout se prendre[3]
Des vices où l'on voit les humains se répandre.

PHILINTE

Mais pourquoi pour ces gens un intérêt si grand,
Vous qui condamneriez ce qu'en eux on reprend ?

CÉLIMÈNE

Et ne faut-il pas bien que monsieur contredise ?
670 À la commune voix veut-on qu'il se réduise,
Et qu'il ne fasse pas éclater en tous lieux
L'esprit contrariant qu'il a reçu des cieux ?
Le sentiment d'autrui n'est jamais pour lui plaire,
Il prend toujours en main l'opinion contraire,
675 Et penserait paraître un homme du commun
Si l'on voyait qu'il fût de l'avis de quelqu'un.

---

1. **Poussez** : poussez votre pointe, votre attaque (terme d'escrime). Voir v. 682.
2. **Ris** : rires (poétique).
3. **Se prendre** : s'en prendre.

L'honneur de contredire a pour lui tant de charmes
Qu'il prend contre lui-même assez souvent les armes,
Et ses vrais sentiments[1] sont combattus par lui
680 Aussitôt qu'il les voit dans la bouche d'autrui.

ALCESTE

Les rieurs sont pour vous, madame, c'est tout dire,
Et vous pouvez pousser contre moi la satire.

PHILINTE

Mais il est véritable aussi que votre esprit
Se gendarme[2] toujours contre tout ce qu'on dit,
685 Et que, par un chagrin[3] que lui-même il avoue,
Il ne saurait souffrir qu'on blâme ni qu'on loue.

ALCESTE

C'est que jamais, morbleu ! Les hommes n'ont raison,
Que le chagrin contre eux est toujours de saison,
Et que je vois qu'ils sont, sur toutes les affaires,
690 Loueurs impertinents[4] ou censeurs téméraires.

CÉLIMÈNE

Mais...

ALCESTE

Non, madame, non, quand j'en devrais mourir,
Vous avez des plaisirs que je ne puis souffrir ;
Et l'on a tort, ici, de nourrir dans votre âme
Ce grand attachement aux défauts qu'on y blâme.

CLITANDRE

695 Pour moi, je ne sais pas ; mais j'avouerai tout haut
Que j'ai cru jusqu'ici madame sans défaut.

ACASTE

De grâces et d'attraits je vois qu'elle est pourvue ;
Mais les défauts qu'elle a ne frappent point ma vue.

---

1. **Sentiments** : opinions.
2. **Se gendarme** : s'élève avec violence.
3. **Chagrin** : tristesse perpétuelle.
4. **Loueurs impertinents** : personnes qui font des louanges mal à propos.

ALCESTE

Ils frappent tous la mienne, et, loin de m'en cacher,
700 Elle sait que j'ai soin de les lui reprocher.
Plus on aime quelqu'un, moins il faut qu'on le flatte :
À ne rien pardonner le pur amour éclate ;
Et je bannirais, moi, tous ces lâches amants
Que je verrais soumis à tous mes sentiments,
705 Et dont, à tout propos, les molles complaisances
Donneraient de l'encens à mes extravagances.

CÉLIMÈNE

Enfin, s'il faut qu'à vous s'en rapportent les cœurs,
On doit, pour bien aimer, renoncer aux douceurs,
Et du parfait amour mettre l'honneur suprême
710 À bien injurier les personnes qu'on aime.

ÉLIANTE

L'amour, pour l'ordinaire, est peu fait à ces lois,
Et l'on voit les amants vanter toujours leur choix ;
Jamais leur passion n'y voit rien de blâmable,
Et dans l'objet aimé[1] tout leur devient aimable ;
715 Ils comptent les défauts pour des perfections,
Et savent y[2] donner de favorables noms.
La pâle est aux jasmins en blancheur comparable ;
La noire à faire peur, une brune adorable ;
La maigre a de la taille et de la liberté ;
720 La grasse est dans son port pleine de majesté ;
La malpropre[3] sur soi, de peu d'attraits chargée,
Est mise sous le nom de beauté négligée ;
La géante paraît une déesse aux yeux ;
La naine, un abrégé des merveilles des cieux ;
725 L'orgueilleuse a le cœur digne d'une couronne ;
La fourbe a de l'esprit, la sotte est toute bonne ;
La trop grande parleuse est d'agréable humeur,

---

1. L'objet aimé : l'être aimé.
2. Y : leur.
3. Malpropre : peu soignée, sans élégance.

Et la muette garde une honnête pudeur.
C'est ainsi qu'un amant dont l'ardeur est extrême
730 Aime jusqu'aux défauts des personnes qu'il aime.

ALCESTE

Et moi, je soutiens, moi...

CÉLIMÈNE

Brisons là ce discours,
Et dans la galerie[1] allons faire deux tours.
Quoi ! Vous vous en allez, messieurs ?

CLITANDRE ET ACASTE

Non pas, madame.

ALCESTE

La peur de leur départ occupe fort votre âme.
735 Sortez quand vous voudrez, messieurs ; mais j'avertis
Que je ne sors qu'après que vous serez sortis.

ACASTE

À moins de voir madame en être importunée,
Rien ne m'appelle ailleurs de toute la journée.

CLITANDRE

Moi, pourvu que je puisse être au petit couché[2],
740 Je n'ai point d'autre affaire où je sois attaché.

CÉLIMÈNE

C'est pour rire, je crois.

ALCESTE

Non, en aucune sorte ;
Nous verrons si c'est moi que vous voudrez qui sorte.

_____

1. **Galerie :** lieu couvert d'une maison où l'on se promène.
2. **Petit couché :** le « petit coucher » du roi était une cérémonie publique,
comme le lever. Seules y étaient admises les personnes de haut rang.
Clitandre, qui assiste au lever (voir note 1 p. 74), assiste aussi au coucher.

Repères

- En quoi cette scène est-elle différente des précédentes ?
- Était-elle prévue ?
- En quoi peut-on dire qu'il s'agit de la « grande scène » de l'acte II ?

Observation

- Alceste reprochait à Célimène d'avoir une foule de soupirants (scène 1 de l'acte II) ; en quoi l'attitude de Célimène constitue-t-elle ici une forme de réponse à Alceste ?
- Imaginez la disposition des personnages sur l'espace scénique.
- Combien relevez-vous de portraits ?
- De quel genre et de quelle nature sont ces portraits ? Quel effet produisent-ils ?
- Ils dénoncent surtout un défaut : lequel ? En quoi ce défaut est-il particulièrement préjudiciable dans la société mondaine que peint cette scène ?
- Qui inaugure le jeu des portraits ? Qui ensuite le mène avec brio ?
- Quel est dans ce jeu le rôle de Philinte et d'Éliante ?
- Caractérisez le rythme de la conversation.
- Observez les répliques de Célimène : relevez des termes expressifs, des jeux de mots, des images.
- Comparez la première partie de la scène (jusqu'au v. 650) et la deuxième partie (v. 651-v.742) : quels personnages mènent tour à tour l'échange verbal ?
- Quel est le ton adopté par Alceste ?
- À partir de l'aparté entre Alceste et Célimène qui ouvre la scène, dites quel est le dessein d'Alceste. Parvient-il à ses fins ?
- Commentez le v. 731. En quoi est-il révélateur du caractère d'Alceste ?
- Pourquoi la réplique de Célimène (v. 669-680) constitue-t-elle une attaque violente contre Alceste ?
- À qui s'adresse Alceste quand il entre dans la conversation ?
- Pourquoi ?
- Commentez l'expression « *mes bons amis de cour* » (v. 651).
- Quel trait de caractère révèle la réplique de Philinte (v. 667-668) ?

• Quelle indication scénique est contenue dans le v. 681 ?
• Relisez les propos de Philinte à la scène 1 de l'acte I (v. 102-108). Quelle dimension du personnage d'Alceste est ici confirmée ?
• Deux indications sur l'emploi du temps de Clitandre encadrent la scène : que nous apprennent-elles sur la vie et le statut du personnage ?
• Quel est l'intérêt de la tirade d'Éliante (v. 711-730) ?

INTERPRÉTATIONS

• Quelles sont dans cette scène les différentes sources de comique ?
• Pourquoi peut-on dire que le jeu des portraits est tout à la fois un jeu social et un jeu littéraire ?
• De manière générale, que nous apprend cette scène sur les mœurs à la cour ?
• Célimène est entrée en scène au début de l'acte II. De nouveaux aspects du personnage sont ici donnés à voir. Philinte présentait Célimène comme ayant une « *humeur coquette* » et un « *esprit médisant* » (acte I, scène 1, v. 219). En quoi cette présentation se trouve-t-elle vérifiée ?
• Montrez que l'art de la conversation constitue pour Célimène une arme de séduction.
• Les portraits et la scène elle-même mettent au jour une valeur essentielle dans la société de cour. Laquelle ?
• Alceste joue-t-il le jeu de la conversation ?
• Deux arts d'aimer se dessinent à la fin de la scène : quels sont-ils ?
• Pourquoi l'art d'aimer d'Alceste contribue-t-il à son isolement ?
• Qui sort ici vainqueur de la compétition amoureuse dont Célimène est l'enjeu ?
• En quoi cette scène constitue-t-elle une étape importante dans le retrait du monde progressif d'Alceste ?

SCÈNE 5. BASQUE, ALCESTE, CÉLIMÈNE, ÉLIANTE, ACASTE, PHILINTE, CLITANDRE.

BASQUE, *à Alceste.*
Monsieur, un homme est là qui voudrait vous parler,
Pour affaire, dit-il, qu'on ne peut reculer.

ALCESTE
745 Dis-lui que je n'ai point d'affaires si pressées.

BASQUE
Il porte une jaquette à grand'basques plissées[1],
Avec du dor[2] dessus.

CÉLIMÈNE
Allez voir ce que c'est.
Ou bien faites-le entrer[3].

ALCESTE, *au garde qui entre.*
Qu'est-ce donc qu'il vous plaît ?
Venez, monsieur.

SCÈNE 6. UN GARDE, ALCESTE, CÉLIMÈNE, ÉLIANTE, ACASTE, PHILINTE, CLITANDRE.

LE GARDE
Monsieur, j'ai deux mots à vous dire.

ALCESTE
750 Vous pouvez parler haut, monsieur, pour m'en instruire.

---

1. **Jaquette à grand'basques plissées** : uniforme brodé porté par les gardes de la maréchaussée.
2. **Du dor** : de l'or, du doré (expression populaire).
3. **Faites-le entrer** : prononcer « faites-l'entrer ».

LE GARDE
Messieurs les maréchaux[1], dont j'ai commandement,
Vous mandent de venir les trouver promptement,
Monsieur.

ALCESTE
Qui ? moi, monsieur ?

LE GARDE
Vous-même.

ALCESTE
Et pour quoi faire ?

PHILINTE
C'est d'Oronte et de vous la ridicule affaire.

CÉLIMÈNE
755 Comment ?

PHILINTE
Oronte et lui se sont tantôt bravés[2]
Sur certains petits vers qu'il n'a pas approuvés,
Et l'on veut assoupir la chose en sa naissance.

ALCESTE
Moi, je n'aurai jamais de lâche complaisance.

PHILINTE
Mais il faut suivre l'ordre : allons, disposez-vous...

ALCESTE
760 Quel accommodement veut-on faire entre nous ?
La voix[3] de ces messieurs me condamnera-t-elle
À trouver bons les vers qui font notre querelle ?
Je ne me dédis point de ce que j'en ai dit,
Je les trouve méchants.

PHILINTE
Mais, d'un plus doux esprit...

---

1. **Maréchaux** : le Tribunal des maréchaux avait pour fonction de prévenir les duels et de régler les affaires d'honneur entre les gentilshommes.
2. **Bravés** : défiés.
3. **La voix** : la décision.

ALCESTE

765 Je n'en démordrai point : les vers sont exécrables.

PHILINTE

Vous devez faire voir des sentiments traitables[1].
Allons, venez.

ALCESTE

J'irai ; mais rien n'aura pouvoir
De me faire dédire.

PHILINTE

Allons vous faire voir.

ALCESTE

Hors qu'[2] un commandement exprès du roi me vienne
770 De trouver bons les vers dont on se met en peine,
Je soutiendrai toujours, morbleu ! qu'ils sont mauvais
Et qu'un homme est pendable[3] après les avoir faits.

(À Clitandre et à Acaste qui rient.)

Par la sangbleu, messieurs, je ne croyais pas être
Si plaisant que je suis.

CÉLIMÈNE

Allez vite paraître
775 Où vous devez.

ALCESTE

J'y vais, madame, et sur mes pas
Je reviens en ce lieu pour vuider[4] nos débats.

---

1. **Traitables** : conciliants (voir v. 149).
2. **Hors qu'** : à moins qu'.
3. **Pendable** : au sens propre « passible de la pendaison », par extension « coupable » (voir v. 29).
4. **Vuider** : vider.

REPÈRES

• Quel est le statut de ces deux scènes, qui s'organisent autour de la venue d'un valet et d'un messager ?

• À quel événement qui s'est déroulé à l'acte I font-elles suite ?

OBSERVATION

• Quelle est la fonction dramatique de la description du costume du visiteur (v. 746-747) ?

• Célimène apprend dans cette scène de la bouche de Philinte l'affaire avec Oronte. Qu'en est-il du spectateur ?

• Dans quelle position se trouve-t-il alors par rapport à Alceste ?

• C'est Philinte qui élucide la raison de la venue du garde (v. 753-754) : quel trait du caractère de Philinte se reconnaît ici ?

• En quels termes présente-t-il l'affaire avec Oronte ?

• Les déclarations d'Alceste sont-elles ajustées à cette présentation ?

• Relevez les marques d'exagération.

• Comment se traduit l'obstination d'Alceste ?

• Du point de vue dramaturgique, Philinte apparaît souvent comme l'antithèse d'Alceste ; ici, quel est son statut dramatique ?

• Qui réussit à inciter Alceste à sortir pour se rendre au tribunal ?

• Quel rôle jouent ici les marquis ?

INTERPRÉTATIONS

• Pourquoi Alceste apparaît-il ici comme un personnage comique ?

• Qu'est-ce qui alimente la tension dramatique en cette fin de l'acte II ?

La coquetterie comme statut social

L'acte II relève pleinement de la comédie de mœurs. Le salon de Célimène est un microcosme de la société mondaine. La coquette, type littéraire privilégié au XVIIᵉ siècle, apparaît dans les essais des moralistes ou dans les romans précieux. Molière en donne ici une illustration théâtrale à travers le personnage de Célimène.

Alceste évoque au début de l'acte II la « *cohue* » des amants de Célimène. Ce jeu de séduction est aussi un jeu social. Célimène ménage Clitandre pour avoir un appui dans son procès, et Acaste en raison de son influence à la cour. Inséparable de la situation d'infériorité des femmes sur le plan économique et politique au XVIIᵉ siècle, la coquetterie apparaît ainsi comme un moyen de conquérir son indépendance à la cour. La présence de hauts membres de l'aristocratie révèle le prestige et la distinction de la maîtresse de maison qu'est Célimène. Les injonctions que Célimène adresse à Alceste à la fin de la scène 3 traduisent le désir de domination de la coquette.

La coquetterie ou l'art de la séduction

La scène 1 de l'acte II montre la stratégie de la coquette : celle-ci engage Alceste par un aveu indirect (v. 503) puis se désengage aussitôt (v. 512). Jouant habilement avec les espérances de son amant, elle le tient à sa merci. Résistant à toute explication (v. 563-565), elle garde secrète sa préférence et accueille avec bienveillance Acaste et Clitandre. Le théâtre donne à voir les armes essentielles de la coquette : la gaieté et l'esprit. En faisant un portrait satirique du misanthrope, Célimène sacrifie son affection pour Alceste au désir de briller et d'amuser la galerie (v. 669-680). La scène 4 dépeint ainsi Célimène comme une virtuose de la conversation : vivacité (elle improvise des portraits sur les sujets lancés par les marquis, comme au v. 595-602), plaisanteries piquantes (v. 629), formules brillantes (v. 616). La coquette règne sur son salon en s'adonnant à la médisance comme à un exercice de style.

ACTE III

SCÈNE PREMIÈRE. CLITANDRE, ACASTE.

CLITANDRE

Cher marquis, je te vois l'âme bien satisfaite ;
Toute chose t'égaye, et rien ne t'inquiète.
En bonne foi, crois-tu, sans t'éblouir les yeux,
780 Avoir de grands sujets de paraître joyeux ?

ACASTE

Parbleu ! je ne vois pas, lorsque je m'examine,
Où prendre aucun sujet d'avoir l'âme chagrine.
J'ai du bien, je suis jeune, et sors d'une maison
Qui se peut dire noble avec quelque raison ;
785 Et je crois, par le rang que me donne ma race,
Qu'il est fort peu d'emplois dont je ne sois en passe[1].
Pour le cœur[2], dont surtout nous devons faire cas,
On sait, sans vanité, que je n'en manque pas,
Et l'on m'a vu pousser dans le monde une affaire[3]
790 D'une assez vigoureuse et gaillarde manière.
Pour de l'esprit, j'en ai sans doute, et du bon goût
À juger sans étude et raisonner[4] de tout,
À faire aux nouveautés, dont je suis idolâtre,
Figure de savant sur les bancs[5] du théâtre,
795 Y décider en chef, et faire du fracas
À tous les beaux endroits qui méritent des ah !

---

1. **Être en passe :** être en bonne position pour obtenir. Cette image est empruntée au vocabulaire du jeu de mail (croquet) : « être en passe » signifie avoir sa boule juste devant l'arceau et n'avoir plus qu'à la pousser.
2. **Cœur :** courage.
3. **Une affaire :** une affaire d'honneur ; pousser une affaire : avoir un duel.
4. **Raisonner :** discuter.
5. **Bancs :** banquettes placées sur la scène réservées aux gens de qualité. Cet usage a subsisté jusqu'en 1759.

Je suis assez adroit, j'ai bon air, bonne mine,
Les dents belles surtout, et la taille fort fine.
Quant à se mettre bien, je crois, sans me flatter,
800 Qu'on serait mal venu de me le disputer.
Je me vois dans l'estime autant qu'on y puisse être,
Fort aimé du beau sexe, et bien auprès du maître[1].
Je crois qu'avec cela, mon cher marquis, je croi
Qu'on peut, par tout pays, être content de soi.

CLITANDRE

805 Oui ; mais, trouvant ailleurs des conquêtes faciles,
Pourquoi pousser ici des soupirs inutiles ?

ACASTE

Moi ? Parbleu ! je ne suis de taille ni d'humeur
À pouvoir d'une belle essuyer la froideur.
C'est aux gens mal tournés, aux mérites vulgaires,
810 À brûler constamment[2] pour des beautés sévères,
À languir à leurs pieds et souffrir leurs rigueurs,
À chercher le secours des soupirs et des pleurs,
Et tâcher, par des soins[3] d'une très longue suite,
D'obtenir ce qu'on nie[4] à leur peu de mérite.
815 Mais les gens de mon air, marquis, ne sont pas faits
Pour aimer à crédit[5] et faire tous les frais.
Quelque rare que soit le mérite des belles,
Je pense, Dieu merci, qu'on vaut son prix comme elles,
Que, pour se faire honneur d'un cœur comme le mien,
820 Ce n'est pas la raison[6] qu'il ne leur coûte rien,
Et qu'au moins, à tout mettre en de justes balances,
Il faut qu'à frais communs se fassent les avances.

---

1. **Le maître** : le roi.
2. **Constamment** : avec constance.
3. **Soin** : marque d'attention, au pluriel *marques d'attention* dont on fait preuve auprès de l'être aimé (usage fréquent dans l'ensemble du texte) et également zèle, effort (voir par exemple v. 923).
4. **Nie** : refuse.
5. **À crédit** : sans être aussitôt payé de retour.
6. **Ce n'est pas la raison** : il n'est pas juste.

CLITANDRE

Tu penses donc, marquis, être fort bien ici[1] !

ACASTE

J'ai quelque lieu, marquis, de le penser ainsi.

CLITANDRE

825 Crois-moi, détache-toi de cette erreur extrême :
Tu te flattes, mon cher, et t'aveugles toi-même.

ACASTE

Il est vrai, je me flatte et m'aveugle en effet.

CLITANDRE

Mais qui[2] te fait juger ton bonheur si parfait ?

ACASTE

Je me flatte.

CLITANDRE

Sur quoi fonder tes conjectures ?

ACASTE

830 Je m'aveugle.

CLITANDRE

En as-tu des preuves qui soient sûres ?

ACASTE

Je m'abuse, te dis-je.

CLITANDRE

Est-ce que de ses vœux[3]
Célimène t'a fait quelques secrets aveux ?

ACASTE

Non, je suis maltraité.

CLITANDRE

Réponds-moi, je te prie.

ACASTE

Je n'ai que des rebuts[4].

---

1. **Être fort bien ici** : être bien vu ici, avoir les faveurs de Célimène.
2. **Qui** : emploi fréquent au XVIIᵉ siècle pour « qu'est-ce qui ».
3. **Ses vœux** : l'objet de son amour.
4. **Rebuts** : action par laquelle on repousse avec dureté (ici un soupirant).

CLITANDRE

Laissons la raillerie,
835 Et me dis quel espoir on peut t'avoir donné.

ACASTE

Je suis le misérable, et toi le fortuné ;
On a pour ma personne une aversion grande,
Et quelqu'un de ces jours, il faut que je me pende.

CLITANDRE

Oh çà, veux-tu, marquis, pour ajuster[1] nos vœux,
840 Que nous tombions d'accord d'une chose tous deux ?
Que qui pourra montrer une marque certaine
D'avoir meilleure part au cœur de Célimène,
L'autre ici fera place au vainqueur prétendu[2],
Et le délivrera d'un rival assidu ?

ACASTE

845 Ah ! parbleu ! tu me plais avec un tel langage,
Et du bon de mon cœur[3] à cela je m'engage,
Mais chut !

---

1. **Ajuster** : accorder, concilier.
2. **Prétendu** : présumé.
3. **Du bon de mon cœur** : avec tout mon cœur, avec les meilleurs sentiments.

REPÈRES

• En quoi cette scène fait-elle le lien avec l'acte II ? (Voir la didascalie à la fin de l'acte II.)
• Comptez le nombre de scènes où apparaissent les marquis.
• Quand les revoit-on au cours de la pièce ?

OBSERVATION

• Repérez des énoncés ironiques (v. 827-838). Comment appelle-t-on ce type d'ironie ?
• Analysez l'autoportrait d'Acaste (v. 781-804). Par quels moyens lexicaux et stylistiques se traduit l'autosatisfaction d'Acaste ?
• À quel autre tempérament s'oppose ce caractère optimiste ?
• Comment Acaste et Clitandre se dénomment-ils l'un l'autre ?
• Quel effet cela produit-il ?
• Cette scène est-elle un pur divertissement ?
• Apporte-t-elle des éléments essentiels à l'intrigue ?
• Relevez les termes qui appartiennent au vocabulaire marchand dans la tirade d'Acaste et ceux qui relèvent du champ lexical de l'amour (v. 809-822).
• Analysez le fonctionnement du dialogue.
• Qui pose les questions ?
• Quel est le but de Clitandre ?

INTERPRÉTATIONS

• En quoi cette scène offre-t-elle au spectateur un exemple du génie comique de Molière ? Analysez en particulier les différentes sources de comique.
• Quelle est la conception de l'amour selon Acaste ?
• Est-elle proche de celle de Célimène ?
• Peut-on parler de « galanterie » ?
• Quelle image des courtisans cette scène donne-t-elle ?
• S'agit-il d'une caricature ?
• Acaste et Clitandre sont-ils complices ou rivaux ?

Scène 2. Célimène, Acaste, Clitandre.

CÉLIMÈNE
Encore ici ?

CLITANDRE
L'amour retient nos pas.

CÉLIMÈNE
Je viens d'ouïr entrer un carrosse là-bas,
Savez-vous qui c'est ?

CLITANDRE
Non.

Scène 3. Basque, Célimène, Acaste, Clitandre.

BASQUE
Arsinoé, madame,
850 Monte ici pour vous voir.

CÉLIMÈNE
Que me veut cette femme ?

BASQUE
Éliante, là-bas, est à l'entretenir.

CÉLIMÈNE
De quoi s'avise-t-elle, et qui la fait venir ?

ACASTE
Pour prude consommée en tous lieux elle passe,
Et l'ardeur de son zèle[1]...

CÉLIMÈNE
Oui, oui, franche grimace ;
855 Dans l'âme, elle est du monde[2], et ses soins tentent tout

---

1. **Zèle** : ici dévotion religieuse.
2. **Monde** : le « monde » comme le « siècle » (voir v. 860) renvoient aux attachements terrestres, à la vie profane, par opposition à la vie religieuse.

Pour accrocher quelqu'un sans en venir à bout.
Elle ne saurait voir qu'avec un œil d'envie
Les amants déclarés dont une autre est suivie,
Et son triste mérite, abandonné de tous,
860 Contre le siècle aveugle est toujours en courroux.
Elle tâche à couvrir d'un faux voile de prude
Ce que chez elle on voit d'affreuse solitude,
Et pour sauver l'honneur de ses faibles appas,
Elle attache du crime au pouvoir qu'ils n'ont pas[1].
865 Cependant un amant plairait fort à la dame,
Et même pour Alceste elle a tendresse d'âme :
Ce qu'il me rend de soins outrage ses attraits.
Elle veut que ce soit un vol que je lui fais,
Et son jaloux dépit, qu'avec peine elle cache,
870 En tous endroits sous main contre moi se détache[2].
Enfin, je n'ai rien vu de si sot à mon gré ;
Elle est impertinente au suprême degré,
Et...

SCÈNE 4. ARSINOÉ, CÉLIMÈNE.

CÉLIMÈNE
Ah ! quel heureux sort en ce lieu vous amène ?
Madame, sans mentir, j'étais de vous en peine.

ARSINOÉ
875 Je viens pour quelque avis que j'ai cru vous devoir.

CÉLIMÈNE
Ah ! mon Dieu, que je suis contente de vous voir !
(Clitandre et Acaste sortent en riant.)

---

1. **Elle attache du crime au pouvoir qu'ils n'ont pas** : elle condamne l'art de séduire, qu'elle-même ne peut exercer étant donné ses « faibles appas ».
2. **Se détache** : se déchaîne.

Nadia Strancar (Arsinoé) et Jany Gastaldi (Célimène)
dans Le Misanthrope *mis en scène par Antoine Vitez*
au festival d'Avignon, 1978.

ARSINOÉ
Leur départ ne pouvait plus à propos se faire.

CÉLIMÈNE
Voulons-nous nous asseoir ?

ARSINOÉ
                    Il n'est pas nécessaire,
Madame. L'amitié doit surtout éclater
880 Aux choses qui le plus nous peuvent importer ;
Et, comme il n'en est point de plus grande importance
Que celles de l'honneur et de la bienséance,
Je viens, par un avis qui touche votre honneur,
Témoigner l'amitié que pour vous a mon cœur.

885 Hier, j'étais chez des gens de vertu singulière[1],
Où sur vous du discours[2] on tourna la matière ;
Et là, votre conduite avec ses grands éclats[3],
Madame, eut le malheur qu'on ne la loua pas.
Cette foule de gens dont vous souffrez visite,
890 Votre galanterie[4] et les bruits qu'elle excite,
Trouvèrent des censeurs plus qu'il n'aurait fallu,
Et bien plus rigoureux que je n'eusse voulu.
Vous pouvez bien penser quel parti je sus prendre ;
Je fis ce que je pus pour vous pouvoir défendre,
895 Je vous excusai fort sur votre intention
Et voulus de votre âme être la caution.
Mais vous savez qu'il est des choses dans la vie
Qu'on ne peut excuser, quoiqu'on en ait envie,
Et je me vis contrainte à demeurer d'accord
900 Que l'air[5] dont vous vivez vous faisait un peu tort ;
Qu'il prenait, dans le monde, une méchante face[6] ;
Qu'il n'est conte fâcheux que partout on n'en fasse,
Et que, si vous vouliez, tous vos déportements[7]
Pourraient moins donner prise aux mauvais jugements.
905 Non, que j'y croie, au fond, l'honnêteté blessée,
Me préserve le ciel d'en avoir la pensée !
Mais aux ombres du crime on prête aisément foi,
Et ce n'est pas assez de bien vivre pour soi.
Madame, je vous crois l'âme trop raisonnable
910 Pour ne pas prendre bien cet avis profitable,
Et pour l'attribuer qu'aux[8] mouvements secrets

---

1. **Singulière :** remarquable.
2. **Discours :** conversation.
3. **Éclats :** scandales.
4. **Galanterie :** goût des intrigues amoureuses.
5. **Air :** manière, façon.
6. **Méchante face :** apparence défavorable.
7. **Déportements :** comportements, genre de vie, conduite bonne ou mauvaise.
8. **Qu'aux... :** à autre chose qu'aux...

D'un zèle qui m'attache à tous vos intérêts.

CÉLIMÈNE

Madame, j'ai beaucoup de grâces à vous rendre.
Un tel avis m'oblige[1] et, loin de le mal prendre,
915 J'en prétends reconnaître, à l'instant, la faveur,
Par un avis aussi qui touche votre honneur ;
Et, comme je vous vois vous montrer mon amie
En m'apprenant les bruits que de moi l'on publie,
Je veux suivre, à mon tour, un exemple si doux
920 En vous avertissant de ce qu'on dit de vous.
En un lieu, l'autre jour, où je faisais visite,
Je trouvai quelques gens d'un très rare mérite,
Qui, parlant des vrais soins d'une âme qui vit bien,
Firent tomber sur vous, madame, l'entretien.
925 Là, votre pruderie et vos éclats de zèle
Ne furent pas cités comme un fort bon modèle :
Cette affection d'un grave extérieur,
Vos discours éternels de sagesse et d'honneur,
Vos mines et vos cris aux ombres d'indécence
930 Que d'un mot ambigu peut avoir l'innocence ;
Cette hauteur d'estime où vous êtes de vous,
Et ces yeux de pitié que vous jetez sur tous,
Vos fréquentes leçons et vos aigres censures
Sur des choses qui sont innocentes et pures,
935 Tout cela, si je puis vous parler franchement,
Madame, fut blâmé d'un commun sentiment.
« À quoi bon, disaient-ils, cette mine modeste
Et ce sage dehors que dément tout le reste ?
Elle est à bien prier exacte au dernier point ;
940 Mais elle bat ses gens, et ne les paye point ;
Dans tous les lieux dévots elle étale un grand zèle,
Mais elle met du blanc[2] et veut paraître belle ;
Elle fait des tableaux couvrir les nudités,

---

1. **Un tel avis m'oblige** : je vous suis redevable de cet avis.
2. **Blanc** : fard.

Mais elle a de l'amour pour les réalités. »
945 Pour moi, contre chacun je pris votre défense,
Et leur assurai fort que c'était médisance ;
Mais tous les sentiments combattirent le mien,
Et leur conclusion fut que vous feriez bien
De prendre moins de soins des actions des autres
950 Et de vous mettre un peu plus en peine des vôtres ;
Qu'on doit se regarder soi-même un fort long temps
Avant que de songer à condamner les gens ;
Qu'il faut mettre le poids d'une vie exemplaire
Dans les corrections qu'aux autres on veut faire,
955 Et qu'encor vaut-il mieux s'en remettre, au besoin,
À ceux à qui le ciel en a commis le soin[1].
Madame, je vous crois aussi trop raisonnable
Pour ne pas prendre bien cet avis profitable,
Et pour l'attribuer qu'aux mouvements secrets
960 D'un zèle qui m'attache à tous vos intérêts.

ARSINOÉ

À quoi qu'en reprenant on soit assujettie[2],
Je ne m'attendais pas à cette repartie,
Madame, et je vois bien, par ce qu'elle a d'aigreur,
Que mon sincère avis vous a blessée au cœur.

CÉLIMÈNE

965 Au contraire, madame, et si l'on était sage,
Ces avis mutuels seraient mis en usage :
On détruirait par là, traitant de bonne foi[3],
Ce grand aveuglement où chacun est pour soi.
Il ne tiendra qu'à vous qu'avec le même zèle
970 Nous ne continuions cet office fidèle,
Et ne prenions grand soin de nous dire entre nous
Ce que nous entendrons, vous de moi, moi de vous.

---

1. **À ceux [...] soin** : les prêtres.
2. **À quoi [...] assujettie** : à quoi qu'on soit exposée quand on veut corriger
les autres.
3. **Traitant de bonne foi** : en agissant sincèrement.

ARSINOÉ

Ah ! madame, de vous je ne puis rien entendre ;
C'est en moi que l'on peut trouver fort à reprendre.

CÉLIMÈNE

975 Madame, on peut, je crois, louer et blâmer tout,
Et chacun a raison, suivant l'âge ou le goût.
Il est une saison pour la galanterie,
Il en est une aussi propre à la pruderie ;
On peut par politique¹ en prendre le parti,
980 Quand de nos jeunes ans l'éclat est amorti :
Cela sert à couvrir de fâcheuses disgrâces.
Je ne dis pas qu'un jour je ne suive vos traces,
L'âge amènera tout, et ce n'est pas le temps,
Madame, comme on sait, d'être prude à vingt ans.

ARSINOÉ

985 Certes, vous vous targuez d'un bien faible avantage,
Et vous faites sonner terriblement votre âge ;
Ce que de plus que vous on en pourrait avoir
N'est pas un si grand cas pour s'en tant prévaloir² :
Et je ne sais pourquoi votre âme ainsi s'emporte,
990 Madame, à me pousser de cette étrange sorte.

CÉLIMÈNE

Et moi, je ne sais pas, madame, aussi pourquoi
On vous voit en tous lieux vous déchaîner sur moi.
Faut-il de vos chagrins sans cesse à moi vous prendre ?
Et puis-je mais³ des soins qu'on ne va pas vous rendre ?
995 Si ma personne aux gens inspire de l'amour,
Et si l'on continue à m'offrir chaque jour
Des vœux que votre cœur peut souhaiter qu'on m'ôte,
Je n'y saurais que faire, et ce n'est pas ma faute :

---

1. **Par politique** : par calcul, par intérêt.
2. **Ce que de plus [...] prévaloir** : vous ne pouvez pas vous vanter du petit nombre d'années que vous avez de moins que moi.
3. **Puis-je mais** : suis-je responsable.

Vous avez le champ libre, et je n'empêche pas
1000 Que, pour les attirer, vous n'ayez des appas.

ARSINOÉ

Hélas ! et croyez-vous que l'on se mette en peine
De ce nombre d'amants dont vous faites la vaine ?
Et qu'il ne nous soit pas fort aisé de juger
À quel prix aujourd'hui l'on peut les engager ?
1005 Pensez-vous faire croire, à voir comme tout roule,
Que votre seul mérite attire cette foule ?
Qu'ils ne brûlent pour vous que d'un honnête amour,
Et que pour vos vertus ils vous font tous la cour ?
On ne s'aveugle point par de vaines défaites[1],
1010 Le monde n'est point dupe, et j'en vois qui sont faites
À pouvoir inspirer de tendres sentiments,
Qui chez elles pourtant ne fixent point d'amants ;
Et de là nous pouvons tirer des conséquences,
Qu'on n'acquiert point leurs cœurs sans de grandes avances,
1015 Qu'aucun pour nos beaux yeux n'est notre soupirant,
Et qu'il faut acheter tous les soins qu'on nous rend.
Ne vous enflez donc point d'une si grande gloire[2]
Pour les petits brillants[3] d'une faible victoire,
Et corrigez un peu l'orgueil de vos appas
1020 De traiter[4] pour cela les gens de haut en bas.
Si nos yeux enviaient les conquêtes des vôtres,
Je pense qu'on pourrait faire comme les autres,
Ne se point ménager[5], et vous faire bien voir
Que l'on a des amants quand on en veut avoir.

CÉLIMÈNE

1025 Ayez-en donc, madame, et voyons cette affaire ;
Par ce rare secret efforcez-vous de plaire,

---

1. **Vaines défaites** : excuses qui ne trompent personne.
2. **Gloire** : orgueil, bonne opinion que l'on a de soi-même.
3. **Brillants** : éclats, prestiges.
4. **De traiter** : qui consiste à traiter.
5. **Se ménager** : se conduire avec prudence.

Et sans...

ARSINOÉ

Brisons, madame, un pareil entretien,
Il pousserait trop loin votre esprit et le mien ;
Et j'aurais pris déjà le congé qu'il faut prendre,
1030 Si mon carrosse encor ne m'obligeait d'attendre.

CÉLIMÈNE

Autant qu'il vous plaira vous pourrez arrêter[1],
Madame, et là-dessus rien ne doit vous hâter ;
Mais, sans vous fatiguer de ma cérémonie[2],
Je m'en vais vous donner meilleure compagnie ;
1035 Et monsieur, qu'à propos le hasard fait venir,
Remplira mieux ma place à vous entretenir.
Alceste, il faut que j'aille écrire un mot de lettre
Que, sans me faire tort, je ne saurais remettre ;
Soyez avec madame, elle aura la bonté
1040 D'excuser aisément mon incivilité.

---

1. **Vous pourrez arrêter** : vous pourrez rester ici.
2. **Cérémonie** : « Déférences qu'on se fait les uns aux autres par civilité et par honnêteté » (Furetière).

Repères

• À quelle scène la scène 3 vous fait-elle penser ?
• A-t-on déjà parlé d'Arsinoé avant la scène 3 (citez précisément les vers) ?

Observation

• Quel est le rôle de la scène 3 ?
• Quels passages de la scène 4 confirment le portrait fait par Célimène à la scène 3 ?
• Dégagez la structure de ce portrait : montrez la gradation dans la critique que Célimène fait d'Arsinoé.
• Pourquoi l'enchaînement entre la scène 3 et la scène 4 est-il comique ?
• Par quoi ce comique est-il souligné ?
• Que signifie le refus d'Arsinoé de prendre un siège ?
• Que pensez-vous du début de la tirade d'Arsinoé ?
• Quels sont les moyens utilisés par Arsinoé pour critiquer Célimène ?
• Dans quelle scène et par quel personnage ces moyens ont-ils déjà été utilisés ?
• Repérez des exemples de litote.
• Relevez des termes appartenant au lexique moral et religieux dans le discours d'Arsinoé.
• Repérez dans la tirade de Célimène les éléments qu'elle reprend à celle d'Arsinoé (étudiez en particulier la progression identique du discours). Quel(s) effet(s) cela produit-il ?
• Comparez les deux portraits que Célimène fait d'Arsinoé (v. 856-873 et v. 925-944). Quelles différences relevez-vous ?
• Comment Célimène dénonce-t-elle la duplicité d'Arsinoé (v. 939-944) ?
• Cherchez des exemples d'ironie. À partir de quel vers l'attaque de Célimène se fait-elle plus directe ?
• En quoi cette attaque est-elle particulièrement blessante ?
• Quelle est alors la réaction d'Arsinoé ?
• Résumez l'argument d'Arsinoé (v. 1001-1024). En quoi cette accusation remet-elle fortement en cause la réputation de Célimène ?

• Ces scènes apportent-elles des informations importantes pour la suite de la pièce ? En quoi le vers 1037 constitue-t-il une sorte d'annonce ?

INTERPRÉTATIONS

• Montrez en quoi ces trois scènes illustrent la difficulté qu'a Alceste d'obtenir une conversation particulière avec Célimène.

• Alceste et Arsinoé sont tous les deux pour la franchise dans les relations sociales. Y a-t-il selon vous des points communs entre ces caractères ? Mais en quoi sont-ils différents ?

• En quoi a-t-on pu dire d'Arsinoé qu'elle était un « Tartuffe femelle » ?

• Montrez que l'on trouve dans cette scène l'opposition de deux caractères féminins, la « *coquette* » et la « *prude* ».

• Qui remporte l'affrontement ? Justifiez votre réponse.

SCÈNE 5. ALCESTE, ARSINOÉ.

ARSINOÉ

Vous voyez, elle veut que je vous entretienne,
Attendant un moment que mon carrosse vienne ;
Et jamais tous ses soins ne pouvaient m'offrir rien
Qui me fût plus charmant qu'un pareil entretien.
1045 En vérité, les gens d'un mérite sublime
Entraînent de chacun et l'amour et l'estime,
Et le vôtre sans doute[1] a des charmes secrets
Qui font entrer mon cœur dans tous vos intérêts.
Je voudrais que la cour, par un regard propice,
1050 À ce que vous valez rendît plus de justice :
Vous avez à vous plaindre, et je suis en courroux
Quand je vois chaque jour qu'on ne fait rien pour vous.

ALCESTE

Moi, madame ? et sur quoi pourrai-je en rien prétendre ?
Quel service à l'État est-ce qu'on m'a vu rendre ?
1055 Qu'ai-je fait, s'il vous plaît, de si brillant de soi[2]
Pour me plaindre à la cour qu'on ne fait rien pour moi ?

ARSINOÉ

Tous ceux sur qui la cour jette des yeux propices
N'ont pas toujours rendu de ces fameux services ;
Il faut l'occasion, ainsi que le pouvoir,
1060 Et le mérite enfin que vous nous faites voir
Devrait...

ALCESTE

Mon Dieu ! laissons mon mérite, de grâce
De quoi voulez-vous là que la cour s'embarrasse ?
Elle aurait fort à faire, et ses soins seraient grands
D'avoir à déterrer le mérite des gens.

ARSINOÉ

1065 Un mérite éclatant se déterre lui-même ;

---

1. **Sans doute** : sans aucun doute (voir v. 1259).
2. **De soi** : en soi.

Du vôtre, en bien des lieux, on fait un cas extrême,
Et vous saurez de moi qu'en deux fort bons endroits
Vous fûtes hier loué par des gens d'un grand poids.

ALCESTE

Eh ! madame, l'on loue aujourd'hui tout le monde,
1070 Et le siècle par là n'a rien qu'on ne confonde[1] ;
Tout est d'un grand mérite également doué,
Ce n'est plus un honneur que de se voir loué ;
D'éloges on regorge, à la tête on les jette,
Et mon valet de chambre est mis dans la gazette[2].

ARSINOÉ

1075 Pour moi, je voudrais bien que, pour vous montrer mieux,
Une charge à la cour vous pût frapper les yeux :
Pour peu que d'y songer vous nous fassiez les mines[3],
On peut, pour vous servir, remuer des machines[4],
Et j'ai des gens en main, que j'emploierai pour vous,
1080 Qui vous feront à tout un chemin assez doux.

ALCESTE

Et que voudriez-vous, madame, que j'y fisse ?
L'humeur dont je me sens veut que je m'en bannisse.
Le ciel ne m'a point fait, en me donnant le jour,
Une âme compatible avec l'air de la cour ;
1085 Je ne me trouve point les vertus nécessaires
Pour y bien réussir et faire mes affaires,
Être franc et sincère est mon plus grand talent,
Je ne sais point jouer les hommes en parlant[5] ;
Et qui n'a pas le don de cacher ce qu'il pense
1090 Doit faire en ce pays fort peu de résidence.
Hors de la cour, sans doute, on n'a pas cet appui

---

1. **Et le siècle [...] confonde** : notre époque met sur le même plan le talent et la médiocrité.
2. *La Gazette :* journal qui signalait les promotions et les distinctions.
3. **Que d'y songer [...] mines** : que vous fassiez mine d'y songer.
4. **Remuer des machines** : monter des intrigues pour assurer le succès d'une affaire.
5. **Jouer les hommes en parlant** : duper les hommes par de belles paroles.

Et ces titres d'honneur qu'elle donne aujourd'hui ;
Mais on n'a pas aussi, perdant ces avantages,
Le chagrin de jouer de fort sots personnages.
1095 On n'a point à souffrir[1] mille rebuts cruels,
On n'a point à louer les vers de messieurs tels,
À donner de l'encens[2] à madame une telle,
Et de nos francs marquis, essuyer la cervelle[3].

ARSINOÉ

Laissons, puisqu'il vous plaît, ce chapitre de cour ;
1100 Mais il faut que mon cœur vous plaigne en votre amour.
Et, pour vous découvrir là-dessus mes pensées,
Je souhaiterais fort vos ardeurs mieux placées :
Vous méritez sans doute un sort beaucoup plus doux,
Et celle qui vous charme est indigne de vous.

ALCESTE

1105 Mais, en disant cela, songez-vous, je vous prie,
Que cette personne est, madame, votre amie ?

ARSINOÉ

Oui ; mais ma conscience est blessée en effet[4]
De souffrir plus longtemps le tort que l'on vous fait :
L'état où je vous vois afflige trop mon âme,
1110 Et je vous donne avis qu'on trahit votre flamme.

ALCESTE

C'est me montrer, madame, un tendre mouvement,
Et de pareils avis obligent[5] un amant.

ARSINOÉ

Oui, toute mon amie[6], elle est et je la nomme
Indigne d'asservir le cœur d'un galant homme,
1115 Et le sien n'a pour vous que de feintes douceurs.

---

1. **Souffrir** : supporter.
2. **Donner de l'encens** : encenser, louer.
3. **Essuyer la cervelle** : supporter leurs traits d'esprit.
4. **En effet** : effectivement, réellement (voir aussi v. 1343).
5. **Obligent** : rendent service à (voir v. 914).
6. **Toute mon amie** : quoiqu'elle soit mon amie.

ALCESTE

Cela se peut, madame : on ne voit pas les cœurs ;
Mais votre charité se serait bien passée[1]
De jeter dans le mien une telle pensée.

ARSINOÉ

Si vous ne voulez pas être désabusé,
1120 Il faut ne vous rien dire ; il est assez aisé.

ALCESTE

Non ; mais sur ce sujet, quoi que l'on nous expose,
Les doutes sont fâcheux plus que toute autre chose ;
Et je voudrais, pour moi, qu'on ne me fît savoir
Que ce qu'avec clarté l'on peut me faire voir.

ARSINOÉ

1125 Hé bien ! c'est assez dit, et sur cette matière
Vous allez recevoir une pleine lumière.
Oui, je veux que de tout vos yeux vous fassent foi[2].
Donnez-moi seulement la main jusque chez moi ;
Là je vous ferai voir une preuve fidèle
1130 De l'infidélité du cœur de votre belle ;
Et si, pour d'autres yeux, le vôtre peut brûler,
On pourra vous offrir de quoi vous consoler.

---

1. **Se serait bien passée** : aurait bien fait de se passer.
2. **Que de tout [...] foi** : que vous voyiez tout de vos propres yeux.

REPÈRES

• Le retour d'Alceste était-il annoncé ? Citez précisément les vers.

OBSERVATION

• À quoi font allusion les vers 1096-1098 ?
• Cherchez une scène qui illustre les vers 1069-1070.
• En analysant la structure de la scène, repérez les deux moyens utilisés par Arsinoé pour séduire Alceste.
• À chaque réplique d'Arsinoé, Alceste lui objecte l'incohérence de son discours. Montrez comment en vous appuyant sur quelques exemples.
• Comment Arsinoé finit-elle par convaincre Alceste de la suivre ?
• Que révèle le dernier vers ? Analysez la façon dont la « *prude* » Arsinoé abat progressivement son masque.
• Quel autre personnage prodigue les mêmes avis à Alceste ?
• Sa motivation est-elle la même que celle d'Arsinoé ?
• Quel est l'intérêt dramatique de cette scène ? Montrez en quoi la fin de l'acte III est faite pour exciter la curiosité du spectateur.
• Étudiez la composition de l'acte III : montrez qu'il est formé par une succession de face-à-face.

INTERPRÉTATIONS

• Que signifie symboliquement l'enchaînement des scènes 4 et 5 ?
• Pourquoi l'unité de cet acte se constitue-t-elle autour d'Arsinoé ?
• Peut-on dire qu'Arsinoé a malgré tout réussi à séparer Alceste et Célimène ?

Usages du dialogue

Dans le théâtre classique, l'affrontement se fait plus verbal que physique (certes, il y a des coups échangés dans les farces, comme *Les Fourberies de Scapin*). C'est particulièrement vrai dans cet acte, où l'on a une succession de dialogues entre deux personnages qui s'opposent plus ou moins : les deux marquis, Célimène et Arsinoé, Arsinoé et Alceste. Les scènes à plus de deux personnages sont rares et brèves. L'affrontement le plus violent est incontestablement celui qui a lieu entre Arsinoé et Célimène. En effet, dans les deux autres cas les affrontements finissent par une entente, tandis que Célimène et Arsinoé doivent briser l'entretien : elles ne peuvent pas aller plus loin dans l'affrontement verbal.

Les armes de l'affrontement

L'affrontement des personnages se traduit par différents procédés, rhétoriques en particulier. L'ironie, sous forme d'antiphrase (v. 827-834), permet de porter des attaques sans s'en prendre directement à l'adversaire. Cette ironie peut consister en une simple reprise des mots de l'adversaire, comme aux vers 826-827, en laissant sous-entendre que l'on pense le contraire. L'attaque indirecte prend encore d'autres formes. Dans la scène 4, Arsinoé critique Célimène sous le couvert de l'opinion d'autrui, système que Célimène a fort bien décrypté puisqu'elle l'utilise à son tour dans sa repartie. Alceste quant à lui privilégie, dans la scène 5, la destruction systématique des arguments de l'adversaire. Ainsi, aux vers 1105-1106, il dénonce les contradictions du discours d'Arsinoé. Les attaques peuvent être plus directes, en visant la personne et non plus seulement son discours : aux vers 975-984, Célimène se moque de l'âge d'Arsinoé.

Acte IV

Scène première. Éliante, Philinte.

PHILINTE

Non, l'on n'a point vu d'âme à manier si dure,
Ni d'accommodement[1] plus pénible à conclure.
1135 En vain de tous côtés on l'a voulu tourner,
Hors de son sentiment[2] on n'a pu l'entraîner ;
Et jamais différend si bizarre, je pense,
N'avait de ces messieurs[3] occupé la prudence[4].
« Non, messieurs, disait-il, je ne me dédis point,
1140 Et tomberai d'accord de tout, hors de ce point.
De quoi s'offense-t-il et que veut-il me dire ?
Y va-t-il de sa gloire à ne pas bien écrire ?
Que lui fait mon avis, qu'il a pris de travers ?
On peut être honnête homme et faire mal des vers ;
1145 Ce n'est point à l'honneur que touchent ces matières.
Je le tiens[5] galant homme en toutes les manières,
Homme de qualité, de mérite et de cœur,
Tout ce qu'il vous plaira, mais fort méchant[6] auteur.
Je louerai, si l'on veut, son train[7] et sa dépense,
1150 Son adresse à cheval, aux armes, à la danse ;
Mais, pour louer ses vers, je suis son serviteur[8],
Et lorsque d'en mieux faire on n'a pas le bonheur,

---

1. **Accommodement** : règlement d'un litige.
2. **Sentiment** : avis.
3. **Ces messieurs** : désigne ici les maréchaux.
4. **La prudence** : la sagesse.
5. **Tiens** : considère comme.
6. **Méchant** : mauvais.
7. **Train** : train de vie, train de maison.
8. **Je suis son serviteur** : formule pour prendre congé, mais qui équivaut aussi à un refus poli (voir v. 438).

On ne doit de rimer avoir aucune envie
Qu'on n'y soit condamné sur peine de la vie. »
1155 Enfin toute la grâce et l'accommodement
Où s'est avec effort plié son sentiment,
C'est de dire, croyant adoucir bien son style :
« Monsieur, je suis fâché d'être si difficile ;
Et, pour l'amour de vous, je voudrais de bon cœur
1160 Avoir trouvé tantôt votre sonnet meilleur. »
Et dans une embrassade, on leur a, pour conclure,
Fait vite envelopper toute la procédure.

ÉLIANTE

Dans ses façons d'agir il est fort singulier,
Mais j'en fais, je l'avoue, un cas particulier,
1165 Et la sincérité dont son âme se pique
A quelque chose en soi de noble et d'héroïque.
C'est une vertu rare au siècle d'aujourd'hui,
Et je la voudrais voir partout comme chez lui.

PHILINTE

Pour moi, plus je le vois, plus surtout je m'étonne
1170 De cette passion où son cœur s'abandonne ;
De l'humeur dont le ciel a voulu le former,
Je ne sais pas comment il s'avise d'aimer,
Et je sais encor moins comment votre cousine
Peut être la personne où son penchant l'incline.

ÉLIANTE

1175 Cela fait assez voir que l'amour dans les cœurs
N'est pas toujours produit par un rapport d'humeurs[1] ;
Et toutes ces raisons de douces sympathies[2]
Dans cet exemple-ci se trouvent démenties.

---

1. **Humeurs** : tempéraments, caractères.
2. **Et toutes ces raisons de douces sympathies** : l'amour était expliqué par une conformité d'humeurs et de tempéraments.

PHILINTE

Mais croyez-vous qu'on[1] l'aime, aux[2] choses qu'on peut
[voir ?

ÉLIANTE

180 C'est un point qu'il n'est pas fort aisé de savoir.
Comment pouvoir juger s'il est vrai qu'elle l'aime ?
Son cœur de ce qu'il sent n'est pas bien sûr lui-même ;
Il aime quelquefois sans qu'il le sache bien,
Et croit aimer aussi parfois qu'il n'en est rien.

PHILINTE

185 Je crois que notre ami près de cette cousine
Trouvera des chagrins plus qu'il ne s'imagine ;
Et, s'il avait mon cœur, à dire vérité,
Il tournerait ses vœux tout d'un autre côté,
Et, par un choix plus juste, on le verrait, madame,
190 Profiter des bontés que lui montre votre âme.

ÉLIANTE

Pour moi, je n'en fais point de façons, et je croi
Qu'on doit sur de tels points être de bonne foi,
Je ne m'oppose point à toute sa tendresse[3] ;
Au contraire, mon cœur pour elle s'intéresse,
195 Et, si c'était qu'à moi la chose pût tenir,
Moi-même à ce qu'il aime[4] on me verrait l'unir.
Mais, si dans un tel choix, comme tout se peut faire,
Son amour éprouvait quelque destin contraire,
S'il fallait que d'un autre on couronnât les feux[5],
200 Je pourrais me résoudre à recevoir ses vœux,
Et le refus souffert en pareille occurrence

---

1. **On** : Célimène.
2. **Aux** : d'après les.
3. **Sa tendresse** : celle d'Alceste pour Célimène.
4. **À ce qu'il aime** : Célimène.
5. **S'il fallait que d'un autre on couronnât les feux** : si Célimène devait épouser un autre qu'Alceste.

Ne m'y ferait trouver aucune répugnance[1].

PHILINTE

Et moi, de mon côté, je ne m'oppose pas,
Madame, à ces bontés qu'ont pour lui vos appas ;
1205 Et lui-même, s'il veut, il peut bien vous instruire
De ce que là-dessus, j'ai pris soin de lui dire.
Mais, si par un hymen, qui les joindrait eux deux,
Vous étiez hors d'état de recevoir ses vœux,
Tous les miens tenteraient la faveur éclatante
1210 Qu'avec tant de bonté votre âme lui présente :
Heureux si, quand son cœur s'y pourra dérober,
Elle pouvait sur moi, madame, retomber[2].

ÉLIANTE

Vous vous divertissez, Philinte.

PHILINTE

Non, madame,

Et je vous parle ici du meilleur de mon âme ;
1215 J'attends l'occasion de m'offrir hautement[3],
Et de tous mes souhaits j'en presse le moment.

---

1. **Et le refus [...] répugnance** : je n'éprouverais pas de répugnance à épouser Alceste s'il était refusé par Célimène.
2. **Heureux [...] retomber** : si Alceste épouse Célimène, j'aimerais que votre amour pour lui se reporte sur moi.
3. **Hautement** : hardiment, librement, expressément.

REPÈRES

• À quel événement le récit de Philinte fait-il suite ?
• A-t-on déjà vu Éliante et Philinte présents ensemble sur scène ?
• Ont-ils déjà eu l'occasion de s'exprimer aussi longuement ?

OBSERVATION

• Repérez les thèmes successifs du dialogue et caractérisez sa tonalité. A-t-on déjà assisté, dans les trois actes précédents, à un dialogue aussi apaisé ?
• Quel est le thème unificateur ?
• Comment Éliante envisage-t-elle le comportement d'Alceste (v. 1163-1168) ?
• En quoi ce point de vue se démarque-t-il du regard que les autres personnages portent sur Alceste ?
• À quelle conception de l'amour Éliante fait-elle allusion (v. 1175-1178) ?
• Quel trait caractéristique de la coquette est ici mis en valeur (v. 1180-1184) ?
• Comment Célimène est-elle désignée ?
• Pourquoi n'est-elle pas explicitement nommée ?
• Qu'est-ce qu'Éliante et Philinte sacrifient pour Alceste ? Au nom de quoi ?
• Comment cette scène relance-t-elle la curiosité du spectateur ?

INTERPRÉTATIONS

• Montrez qu'à travers cette scène les personnages d'Éliante et de Philinte acquièrent une autre dimension.
• Par rapport aux autres dialogues de la pièce, quelle est l'originalité de celui-ci ?

Scène 2. Alceste, Éliante, Philinte.

ALCESTE

Ah ! faites-moi raison[1], madame, d'une offense
Qui vient de triompher de toute ma constance.

ÉLIANTE

Qu'est-ce donc ? qu'avez-vous qui vous puisse émouvoir[2] ?

ALCESTE

1220 J'ai ce que sans mourir je ne puis concevoir ;
Et le déchaînement de toute la nature
Ne m'accablerait pas comme cette aventure.
C'en est fait... Mon amour... Je ne saurais parler.

ÉLIANTE

Que votre esprit un peu tâche à se rappeler[3].

ALCESTE

1225 Ô juste ciel ! faut-il qu'on joigne à tant de grâces
Les vices odieux des âmes les plus basses !

ÉLIANTE

Mais encor, qui vous peut...

ALCESTE

Ah ! tout est ruiné,
Je suis, je suis trahi, je suis assassiné !
Célimène... Eût-on pu croire cette nouvelle ?
1230 Célimène me trompe, et n'est qu'une infidèle.

ÉLIANTE

Avez-vous pour le croire un juste fondement ?

PHILINTE

Peut-être est-ce un soupçon conçu légèrement,
Et votre esprit jaloux prend parfois des chimères...

---

1. **Faites-moi raison** : vengez-moi.
2. Les v. 1219 et 1239 sont empruntés à *Dom Garcie de Navarre ou Le Prince jaloux* (1661), acte IV, scène 7.
3. **Se rappeler** : se ressaisir.

ALCESTE

Ah ! morbleu ! mêlez-vous, monsieur, de vos affaires.
1235 C'est de sa trahison n'être que trop certain,
Que l'avoir, dans ma poche, écrite de sa main.
Oui, madame, une lettre écrite pour Oronte
A produit[1] à mes yeux ma disgrâce et sa honte ;
Oronte, dont j'ai cru qu'elle fuyait les soins,
1240 Et que de mes rivaux je redoutais le moins.

PHILINTE

Une lettre peut bien tromper par l'apparence,
Et n'est pas quelquefois si coupable qu'on pense.

ALCESTE

Monsieur, encor un coup, laissez-moi, s'il vous plaît,
Et ne prenez souci que de votre intérêt.

ÉLIANTE

1245 Vous devez modérer vos transports[2], et l'outrage...

ALCESTE

Madame, c'est à vous qu'appartient cet ouvrage[3] ;
C'est à vous que mon cœur a recours aujourd'hui
Pour pouvoir s'affranchir de son cuisant ennui[4].
Vengez-moi d'une ingrate et perfide parente
1250 Qui trahit lâchement une ardeur si constante ;
Vengez-moi de ce trait qui doit vous faire horreur.

ÉLIANTE

Moi, vous venger ! comment ?

ALCESTE

En recevant mon cœur.
Acceptez-le, madame, au lieu de l'infidèle ;
C'est par là que je puis prendre vengeance d'elle,
1255 Et je la veux punir par les sincères vœux,

---

1. **A produit :** a révélé, a montré.
2. **Transports :** emportements.
3. **Madame [...] ouvrage :** à vous de me consoler et de me venger (introduit ce qui suit).
4. **Cuisant ennui :** douleur insupportable.

Par le profond amour, les soins respectueux,
Les devoirs empressés et l'assidu service
Dont ce cœur va vous faire un ardent sacrifice.

ÉLIANTE

Je compatis sans doute à ce que vous souffrez
1260 Et ne méprise point le cœur que vous m'offrez ;
Mais peut-être le mal n'est pas si grand qu'on pense,
Et vous pourrez quitter ce désir de vengeance.
Lorsque l'injure part d'un objet[1] plein d'appas,
On fait force desseins qu'on n'exécute pas :
1265 On a beau voir pour rompre une raison puissante,
Une coupable aimée est bientôt innocente ;
Tout le mal qu'on lui veut se dissipe aisément,
Et l'on sait ce que c'est qu'un courroux d'un amant.

ALCESTE

Non, non, madame, non, l'offense est trop mortelle,
1270 Il n'est point de retour, et je romps avec elle ;
Rien ne saurait changer le dessein que j'en fais,
Et je me punirais de l'estimer jamais.
La voici. Mon courroux redouble à cette approche ;
Je vais de sa noirceur lui faire un vif reproche,
1275 Pleinement la confondre, et vous porter après
Un cœur tout dégagé de ses trompeurs attraits.

---

1. **Objet** : être aimé.

REPÈRES

• Comment la scène 1 et la scène 2 sont-elles reliées ?
• D'où vient Alceste ?

OBSERVATION

• La révélation de l'infidélité de Célimène constitue-t-elle un coup de théâtre ?
• Repérez dans la scène les marques et le vocabulaire de l'émotion.
• Qu'est-ce qu'Alceste demande à Éliante ?
• Quelle est la tonalité des répliques d'Alceste ?
• À quel genre dramatique se rattachent les motifs de la trahison, de la vengeance ?
• Pourquoi la situation est-elle néanmoins comique ?
• Analysez l'effet produit par les propos de Philinte et d'Éliante. Pourquoi peut-on dire que les ultimes propos d'Éliante (v. 1259-1268) témoignent d'une grande lucidité ?
• Imaginez un jeu de scène avec la lettre. Cette lettre blesse-t-elle Alceste uniquement par son contenu ? Constitue-t-elle cependant aux yeux du public une preuve de l'infidélité de Célimène ?
• Comment expliquer le fait qu'Alceste refuse de s'adresser à Philinte ?
• Par quel intérêt sont motivées les deux tentatives d'apaisement de Philinte ?
• Que pensez-vous de la déclaration d'amour d'Alceste (v. 1246-1251) ?

INTERPRÉTATIONS

• Intervenant juste après la scène du dialogue entre Philinte et Éliante, cette scène contribue à mettre en valeur l'égoïsme du misanthrope. Pourquoi ?
• Selon vous, cette situation comique ménage-t-elle aussi une part de pathétique ?

Scène 3. Célimène, Alceste.

ALCESTE

Ô ciel ! de mes transports puis-je être ici le maître ?

CÉLIMÈNE

Ouais[1] ! Quel est donc le trouble où je vous vois paraître,
Et que me veulent dire et ces soupirs poussés,
1280 Et ces sombres regards que sur moi vous lancez ?

ALCESTE

Que toutes les horreurs dont une âme est capable
À vos déloyautés n'ont rien de comparable ;
Que le sort, les démons et le ciel en courroux
N'ont jamais rien produit de si méchant que vous[2].

CÉLIMÈNE

1285 Voilà certainement des douceurs que j'admire.

ALCESTE

Ah ! ne plaisantez point, il n'est pas temps de rire ;
Rougissez bien plutôt, vous en avez raison,
Et j'ai de sûrs témoins[3] de votre trahison.
Voilà ce que marquaient les troubles de mon âme ;
1290 Ce n'était pas en vain que s'alarmait ma flamme :
Par ces fréquents soupçons, qu'on[4] trouvait odieux,
Je cherchais le malheur qu'ont rencontré mes yeux :
Et, malgré tous vos soins et votre adresse à feindre,
Mon astre[5] me disait ce que j'avais à craindre.
1295 Mais ne présumez pas que, sans être vengé,
Je souffre le dépit de me voir outragé.
Je sais que sur les vœux on n'a point de puissance,
Que l'amour veut partout naître sans dépendance,

---

1. **Ouais** : marque la surprise, sans vulgarité.
2. Les v. 1281 à 1284 sont empruntés à *Dom Garcie de Navarre*, acte IV, scène 8. (Il en va de même pour les v. 1287-1310, 1371-1372, 1380-1384, 1401-1408.)
3. **Témoins** : preuves (voir aussi v. 1635, 1679).
4. **On** : Célimène.
5. **Astre** : terme d'astrologie, l'astre sous lequel on naît déterminant la destinée.

*Catherine Sauval (Célimène) et Simon Eine (Alceste)
dans* Le Misanthrope *mis en scène par Simon Eine
à la Comédie-Française, 1989.*

Que jamais par la force on n'entra dans un cœur
1300 Et que toute âme est libre à nommer son vainqueur.
Aussi ne trouverais-je aucun sujet de plainte,
Si pour moi votre bouche avait parlé sans feinte ;
Et, rejetant[1] mes vœux dès le premier abord,
Mon cœur n'aurait eu droit de s'en prendre qu'au sort.
1305 Mais d'un aveu trompeur voir ma flamme applaudie,
C'est une trahison, c'est une perfidie
Qui ne saurait trouver de trop grands châtiments,
Et je puis tout permettre à mes ressentiments.
Oui, oui, redoutez tout après un tel outrage ;
1310 Je ne suis plus à moi, je suis tout à la rage :
Percé[2] du coup mortel dont vous m'assassinez,
Mes sens par la raison ne sont plus gouvernés ;
Je cède aux mouvements d'une juste colère,
Et je ne réponds pas de ce que je puis faire.

CÉLIMÈNE

1315 D'où vient donc, je vous prie, un tel emportement ?
Avez-vous, dites-moi, perdu le jugement ?

ALCESTE

Oui, oui, je l'ai perdu lorsque dans votre vue
J'ai pris, pour mon malheur, le poison qui me tue,
Et que j'ai cru trouver quelque sincérité
1320 Dans les traîtres appas dont je fus enchanté[3].

CÉLIMÈNE

De quelle trahison pouvez-vous donc vous plaindre ?

ALCESTE

Ah ! que ce cœur est double et sait bien l'art de feindre !
Mais pour le mettre à bout j'ai des moyens tout prêts :
Jetez ici les yeux, et connaissez vos traits[4].

---

1. **Rejetant :** si vous aviez rejeté.
2. **Percé :** se rapporte à « je ».
3. **Enchanter :** ce verbe a un sens fort et signifie « ensorceler » dans la langue classique.
4. **Connaissez vos traits :** reconnaissez votre écriture.

1325 Ce billet découvert[1] suffit pour vous confondre,
Et contre ce témoin on n'a rien à répondre.

CÉLIMÈNE
Voilà donc le sujet qui vous trouble l'esprit ?

ALCESTE
Vous ne rougissez pas en voyant cet écrit ?

CÉLIMÈNE
Et par quelle raison faut-il que j'en rougisse ?

ALCESTE
1330 Quoi ! vous joignez ici l'audace à l'artifice !
Le désavouerez-vous pour n'avoir point de seing[2] ?

CÉLIMÈNE
Pourquoi désavouer un billet de ma main ?

ALCESTE
Et vous pouvez le voir sans demeurer confuse
Du crime dont vers moi[3] son style vous accuse ?

CÉLIMÈNE
1335 Vous êtes, sans mentir, un grand extravagant.

ALCESTE
Quoi ! vous bravez ainsi ce témoin convaincant,
Et ce qu'il m'a fait voir de douceur pour Oronte
N'a donc rien qui m'outrage et qui vous fasse honte ?

CÉLIMÈNE
Oronte ? Qui vous dit que la lettre est pour lui ?

ALCESTE
1340 Les gens qui dans mes mains l'ont remise aujourd'hui.
Mais je veux consentir qu'elle soit pour un autre :
Mon cœur en a-t-il moins à se plaindre du vôtre ?
En serez-vous vers moi moins coupable en effet[4] ?

---

1. **Ce billet découvert** : la découverte de ce billet.
2. **Seing** : signature.
3. **Vers moi** : envers moi.
4. **En effet** : réellement.

CÉLIMÈNE

Mais, si c'est une femme à qui va ce billet,
1345 En quoi vous blesse-t-il, et qu'a-t-il de coupable ?

ALCESTE

Ah ! le détour est bon, et l'excuse admirable !
Je ne m'attendais pas, je l'avoue, à ce trait,
Et me voilà, par là, convaincu tout à fait.
Osez-vous recourir à ces ruses grossières ?
1350 Et croyez-vous les gens si privés de lumières ?
Voyons, voyons un peu par quel biais, de quel air[1],
Vous voulez soutenir un mensonge si clair,
Et comment vous pourrez tourner pour une femme
Tous les mots d'un billet qui montre tant de flamme.
1355 Ajustez[2], pour couvrir un manquement de foi,
Ce que je m'en vais lire...

CÉLIMÈNE

Il ne me plaît pas, moi.
Je vous trouve plaisant d'user d'un tel empire
Et de me dire au nez ce que vous m'osez dire.

ALCESTE

Non, non, sans s'emporter[3], prenez un peu souci
1360 De me justifier les termes que voici.

CÉLIMÈNE

Non, je n'en veux rien faire, et, dans cette occurrence,
Tout ce que vous croirez m'est de peu d'importance.

ALCESTE

De grâce, montrez-moi, je serai satisfait,
Qu'on peut pour une femme expliquer ce billet.

CÉLIMÈNE

1365 Non, il est pour Oronte, et je veux qu'on le croie ;
Je reçois tous ses soins avec beaucoup de joie,
J'admire ce qu'il dit, j'estime ce qu'il est,

---

1. **De quel air** : de quelle façon.
2. **Ajustez** : arrangez.
3. **Sans s'emporter** : sans vous emporter.

Et je tombe d'accord de tout ce qu'il vous plaît.
Faites, prenez parti, que rien ne vous arrête,
1370 Et ne me rompez pas davantage la tête.

ALCESTE

Ciel ! rien de plus cruel peut-il être inventé ?
Et jamais cœur fut-il de la sorte traité ?
Quoi ! d'un juste courroux je suis ému contre elle,
C'est moi qui me viens plaindre, et c'est moi qu'on
                                                    [querelle !
1375 On pousse ma douleur et mes soupçons à bout,
On me laisse tout croire, on fait gloire de tout ;
Et cependant mon cœur est encore assez lâche
Pour ne pouvoir briser la chaîne qui l'attache
Et pour ne pas s'armer d'un généreux[1] mépris
1380 Contre l'ingrat objet dont il est trop épris !
Ah ! que vous savez bien ici contre moi-même,
Perfide, vous servir de ma faiblesse extrême,
Et ménager[2] pour vous l'excès prodigieux
De ce fatal amour né de vos traîtres yeux !
1385 Défendez-vous au moins d'un crime qui m'accable,
Et cessez d'affecter d'être envers moi coupable ;
Rendez-moi, s'il se peut, ce billet innocent,
À vous prêter les mains[3] ma tendresse consent ;
Efforcez-vous ici de paraître fidèle,
1390 Et je m'efforcerai, moi, de vous croire telle.

CÉLIMÈNE

Allez, vous êtes fou dans vos transports jaloux,
Et ne méritez pas l'amour qu'on[4] a pour vous.
Je voudrais bien savoir qui pourrait me contraindre
À descendre pour vous aux bassesses de feindre,
1395 Et pourquoi, si mon cœur penchait d'autre côté,

---

1. **Généreux** : noble.
2. **Ménager** : utiliser avec adresse.
3. **À vous prêter les mains** : à vous aider.
4. **On** : je.

Je ne le dirais pas avec sincérité !
Quoi ! de mes sentiments l'obligeante assurance
Contre tous vos soupçons ne prend pas ma défense ?
Auprès d'un tel garant sont-ils de quelque poids ?
1400 N'est-ce pas m'outrager que d'écouter leur voix ?
Et, puisque notre cœur fait un effort extrême,
Lorsqu'il peut se résoudre à confesser qu'il aime ;
Puisque l'honneur du sexe[1], ennemi de nos feux,
S'oppose fortement à de pareils aveux,
1405 L'amant qui voit pour lui franchir un tel obstacle
Doit-il impunément douter de cet oracle,
Et n'est-il pas coupable en ne s'assurant pas[2]
À ce qu'on ne dit point qu'après de grands combats ?
Allez, de tels soupçons méritent ma colère,
1410 Et vous ne valez pas que l'on vous considère :
Je suis sotte, et veux mal à ma simplicité[3]
De conserver encor pour vous quelque bonté ;
Je devrais autre part attacher mon estime
Et vous faire un sujet de plainte légitime.

ALCESTE

1415 Ah ! traîtresse, mon faible est étrange pour vous !
Vous me trompez sans doute avec des mots si doux ;
Mais il n'importe, il faut suivre ma destinée ;
À votre foi mon âme est toute abandonnée ;
Je veux voir jusqu'au bout quel sera votre cœur,
1420 Et si de me trahir il aura la noirceur.

CÉLIMÈNE

Non, vous ne m'aimez point comme il faut que l'on aime.

ALCESTE

Ah ! rien n'est comparable à mon amour extrême,
Et, dans l'ardeur qu'il a de se montrer à tous,

---

1. **L'honneur du sexe** : la pudeur féminine. Dans la langue classique, le mot
« sexe » renvoie au « beau sexe », à la femme.
2. **En ne s'assurant pas** : en ne se fiant pas.
3. **Et veux mal à ma simplicité** : et je m'en veux de ma naïveté.

Il va jusqu'à former des souhaits contre vous.
1425 Oui, je voudrais qu'aucun ne vous trouvât aimable,
Que vous fussiez réduite en un sort misérable,
Que le ciel, en naissant[1], ne vous eût donné rien,
Que vous n'eussiez ni rang, ni naissance[2], ni bien,
Afin que de mon cœur l'éclatant sacrifice
1430 Vous pût d'un pareil sort réparer l'injustice ;
Et que j'eusse la joie et la gloire, en ce jour,
De vous voir tenir tout des mains de mon amour.

CÉLIMÈNE
C'est me vouloir du bien d'une étrange manière !
Me préserve le ciel que vous ayez matière...
1435 Voici monsieur Du Bois, plaisamment figuré[3]...

SCÈNE 4. DU BOIS, CÉLIMÈNE, ALCESTE.

ALCESTE
Que veut cet équipage[4] et cet air effaré ?
Qu'as-tu ?

DU BOIS
Monsieur...

ALCESTE
Eh bien ?

DU BOIS
Voici bien des mystères.

ALCESTE
Qu'est-ce ?

DU BOIS
Nous sommes mal, monsieur, dans nos affaires.

---

1. **En naissant :** à votre naissance.
2. **Naissance :** condition noble.
3. **Plaisamment figuré :** d'une apparence comique.
4. **Que veut cet équipage ? :** que signifie cet accoutrement ? (Du Bois a revêtu un habit de voyage.)

ALCESTE

Quoi ?

DU BOIS

Parlerai-je haut ?

ALCESTE
Oui, parle, et promptement.

DU BOIS

1440 N'est-il point là quelqu'un...

ALCESTE
Ah ! que d'amusements[1] !

Veux-tu parler ?

DU BOIS
Monsieur, il faut faire retraite.

ALCESTE

Comment ?

DU BOIS
Il faut d'ici déloger sans trompette[2].

ALCESTE

Et pourquoi ?

DU BOIS
Je vous dis qu'il faut quitter ce lieu.

ALCESTE

La cause ?

DU BOIS
Il faut partir, monsieur, sans dire adieu.

ALCESTE
1445 Mais par quelle raison me tiens-tu ce langage ?

DU BOIS
Par la raison, monsieur, qu'il faut plier bagage.

---

1. **Amusements** : retards (voir aussi v. 1642).
2. **Déloger sans trompette** : locution familière d'origine militaire, évoquant une fuite précipitée.

ALCESTE

Ah ! je te casserai la tête assurément,
Si tu ne veux, maraud[1], t'expliquer autrement.

DU BOIS

Monsieur, un homme noir et d'habit et de mine
1450 Est venu nous laisser, jusque dans la cuisine,
Un papier griffonné d'une telle façon
Qu'il faudrait, pour le lire, être pis que démon.
C'est de[2] votre procès, je n'en fais aucun doute ;
Mais le diable d'enfer, je crois, n'y verrait goutte.

ALCESTE

1455 Eh bien ! quoi ? ce papier, qu'a-t-il à démêler[3],
Traître, avec le départ dont tu viens me parler ?

DU BOIS

C'est pour vous dire ici, monsieur, qu'une heure ensuite,
Un homme qui souvent vous vient rendre visite
Est venu vous chercher avec empressement,
1460 Et, ne vous trouvant pas, m'a chargé doucement,
Sachant que je vous sers avec beaucoup de zèle,
De vous dire... Attendez, comme est-ce qu'il s'appelle ?

ALCESTE

Laisse là son nom, traître, et dis ce qu'il t'a dit.

DU BOIS

C'est un de vos amis, enfin, cela suffit.
1465 Il m'a dit que d'ici votre péril vous chasse,
Et que d'être arrêté le sort vous y menace.

ALCESTE

Mais quoi ! n'a-t-il voulu te rien spécifier ?

DU BOIS

Non, il m'a demandé de l'encre et du papier,
Et vous a fait un mot, où vous pourrez, je pense,
1470 Du fond de ce mystère avoir la connaissance.

---

1. **Maraud** : gueux, fripon.
2. **De** : au sujet de.
3. **Qu'a-t-il à démêler** : quel rapport a-t-il ?

ALCESTE

Donne-le donc !

CÉLIMÈNE

Que peut envelopper[1] ceci ?

ALCESTE

Je ne sais, mais j'aspire à m'en voir éclairci.
Auras-tu bientôt fait, impertinent au diable ?

DU BOIS, *après l'avoir longtemps cherché.*

Ma foi, je l'ai, monsieur, laissé sur votre table.

ALCESTE

1475 Je ne sais qui me tient[2]...

CÉLIMÈNE

Ne vous emportez pas,

Et courez démêler un pareil embarras.

ALCESTE

Il semble que le sort, quelque soin que je prenne,
Ait juré d'empêcher que je vous entretienne ;
Mais, pour en triompher, souffrez à mon amour
1480 De vous revoir, madame, avant la fin du jour.

---

1. **Envelopper** : cacher, dissimuler.
2. **Je ne sais qui me tient** : je ne sais ce qui me retient.

REPÈRES

• Depuis quand Alceste n'a-t-il pas parlé à Célimène en tête à tête ?

OBSERVATION

• Retrouvez des éléments à tonalité tragique. Repérez dans le texte des indications qui pourraient aider à préciser le jeu des acteurs.
• Quel élément nouveau concernant la lettre vient ici relativiser l'interprétation d'Alceste ?
• Comment Célimène se défend-elle ? Recensez ses différentes tactiques.
• Quelle stratégie adopte Célimène à partir du vers 1365 ?
• Comparez le dessein d'Alceste tel qu'il est énoncé aux vers 1274-1276 et celui qu'il exprime aux vers 1385-1390 : que s'est-il passé ?
• Comment Célimène parvient-elle à retourner la situation et à prendre l'avantage (vers 1391-1414) ?
• Expliquez les vers 1401-1404.
• Comparez la déclaration d'Alceste à Célimène (v. 1422-1432) avec celle de Philinte à Éliante à la scène 1 de l'acte IV. Pourquoi cette manière d'aimer ne peut-elle pas plaire à Célimène ?
• Quelle fonction remplit la scène 4 par rapport à la scène 3 ?
• Quel est le statut du valet dans le théâtre du XVIIe siècle ?
• Quel personnage est au centre de la scène ? Relevez les indications qui permettent d'imaginer le costume et le jeu de l'acteur.
• Quels sont les aspects de ce personnage qui sont sources de comique ?
• Le comique culmine au vers 1474. Pourquoi ?

INTERPRÉTATIONS

• Comparez la scène 3 avec la scène 1 de l'acte II, elle aussi consacrée à un dialogue conflictuel entre Alceste et Célimène. Montrez en quoi la rupture entre les deux amants devient peu à peu une réalité effective.
• En quoi cette scène contribue-t-elle à faire du personnage d'Alceste un « extravagant » ?
• Montrez que, si la scène 4 sert bien d'intermède plaisant après une scène dramatique, elle s'inscrit aussi dans la structure générale de la pièce en relançant le suspens autour de l'intrigue judiciaire. Quel thème essentiel dans l'ensemble de la pièce se trouve ici évoqué sur le mode comique ?

La passion amoureuse face à l'amour galant

L'acte IV est l'acte des amants. Alceste incarne dans cet acte l'amour-passion si fréquemment dépeint dans la tragédie. Il est mêlé d'amour-propre, caractérisé par la démesure, l'aveuglement et la contradiction (v. 1422-1432). La reconnaissance du caractère incontrôlable du sentiment amoureux (v. 1286-1314) n'est qu'un préalable rhétorique à l'expression de la jalousie et du rêve de possession absolue (v. 1422-1432) qui rapproche Alceste du type comique du jaloux persécuteur.

Face à Alceste, de Philinte à Éliante incarnent une autre figure de l'amour. Philinte tempère son amour pour Éliante au nom de l'amitié qui le lie à Alceste (v. 1203-1212). Éliante aime Alceste mais elle est prête à l'unir à Célimène (v. 1191-1202). Ces deux personnages incarnent l'amour modéré et désintéressé. Célimène représente la variante précieuse de cet amour galant. En revendiquant son affection pour Oronte, elle défend la galanterie et la liberté féminine.

Les mots de l'amour

La déclaration de Philinte à Éliante (v. 1207-1212) est dans la tradition courtoise : l'amant s'adresse à la femme aimée en termes galants. C'est ce code amoureux qu'enfreint Alceste quand il s'adresse à Célimène en termes violents, proches de l'invective (« *perfide* », « *traîtresse* »), et quand il cherche brutalement à imposer sa volonté (v. 1356), et se le voit reprocher par Célimène (v. 1421).

Sur le mode comique, Alceste retrouve les stéréotypes du langage de l'amour tragique (v. 1311 et 1318).

Célimène utilise les « *mots doux* » (v. 1416) de l'amour précieux, langage tout en sous-entendus. Se refusant à déclarer explicitement son amour, elle pratique l'aveu indirect (v. 1397-1398).

*Agnès Garreau (Célimène) et Jacques Mauclair (Alceste)
dans* Le Misanthrope *mis en scène par Jacques Mauclair
au théâtre du Marais, 1982.*

ACTE V

Scène première. Alceste, Philinte.

ALCESTE

La résolution en est prise, vous dis-je.

PHILINTE

Mais, quel que soit ce coup, faut-il qu'il vous oblige...

ALCESTE

Non, vous avez beau faire et beau me raisonner,
Rien de ce que je dis ne me peut détourner[1] ;
1485 Trop de perversité règne au siècle où nous sommes.
Et je veux me tirer du commerce[2] des hommes.
Quoi ! contre ma partie[3] on voit tout à la fois
L'honneur, la probité, la pudeur et les lois ;
On publie en tous lieux l'équité de ma cause,
1490 Sur la foi de mon droit mon âme se repose ;
Cependant je me vois trompé par le succès[4] :
J'ai pour moi la justice, et je perds mon procès !
Un traître, dont on sait la scandaleuse histoire,
Est sorti triomphant d'une fausseté noire !
1495 Toute la bonne foi cède à sa trahison !
Il trouve, en m'égorgeant, moyen d'avoir raison !
Le poids de sa grimace, où brille l'artifice,
Renverse le bon droit, et tourne[5] la justice !
Il fait par un arrêt[6] couronner son forfait ;
1500 Et, non content encor du tort que l'on me fait,
Il court parmi le monde un livre abominable,

---

1. **Rien [...] détourner :** rien ne peut me détourner de ce que je dis.
2. **Commerce :** relations suivies dans le cadre de la vie mondaine.
3. **Partie :** adversaire dans un procès.
4. **Succès :** issue, bonne ou mauvaise.
5. **Tourne :** fait dévier, corrompt.
6. **Arrêt :** décision de justice.

Et de qui la lecture est même condamnable,
Un livre à mériter la dernière rigueur,
Dont le fourbe a le front de me faire l'auteur !
1505 Et, là-dessus, on voit Oronte qui murmure,
Et tâche méchamment d'appuyer l'imposture !
Lui qui d'un honnête homme à la cour tient le rang,
À qui je n'ai rien fait qu'être sincère et franc,
Qui me vient, malgré moi, d'une ardeur empressée,
1510 Sur des vers qu'il a faits demander ma pensée ;
Et, parce que j'en use avec honnêteté,
Et ne le veux trahir, lui, ni la vérité,
Il aide à m'accabler d'un crime imaginaire !
Le voilà devenu mon plus grand adversaire,
1515 Et jamais de son cœur je n'aurai de pardon,
Pour n'avoir pas trouvé que son sonnet fût bon !
Et les hommes, morbleu ! sont faits de cette sorte !
C'est à ces actions que la gloire les porte !
Voilà la bonne foi, le zèle vertueux,
1520 La justice et l'honneur que l'on trouve chez eux !
Allons, c'est trop souffrir les chagrins qu'on nous forge ;
Tirons-nous de ce bois et de ce coupe-gorge.
Puisque entre humains ainsi vous vivez en vrais loups,
Traîtres, vous ne m'aurez de ma vie avec vous.

PHILINTE

1525 Je trouve un peu bien prompt le dessein où vous êtes,
Et tout le mal n'est pas si grand que vous le faites :
Ce que votre partie ose vous imputer
N'a point eu le crédit de vous faire arrêter ;
On voit son faux rapport lui-même se détruire,
1530 Et c'est une action qui pourrait bien lui nuire.

ALCESTE

Lui ? De semblables tours il ne craint point l'éclat ;
Il a permission d'être franc scélérat,
Et loin qu'à son crédit nuise cette aventure,
On l'en verra demain en meilleure posture.

PHILINTE

1535 Enfin, il est constant[1] qu'on n'a point trop donné
Au bruit que contre vous sa malice a tourné[2] :
De ce côté, déjà, vous n'avez rien à craindre,
Et pour votre procès, dont vous pouvez vous plaindre,
Il vous est, en justice, aisé d'y revenir,
1540 Et contre cet arrêt...

ALCESTE
Non, je veux m'y tenir.
Quelque sensible tort qu'un tel arrêt me fasse,
Je me garderai bien de vouloir qu'on le casse :
On y voit trop à plein le bon droit maltraité,
Et je veux qu'il demeure à la postérité
1545 Comme une marque insigne, un fameux témoignage
De la méchanceté des hommes de notre âge.
Ce sont vingt mille francs qu'il m'en pourra coûter,
Mais pour vingt mille francs j'aurai droit de pester
Contre l'iniquité de la nature humaine,
1550 Et de nourrir pour elle une immortelle haine.

PHILINTE
Mais enfin...

ALCESTE
Mais enfin, vos soins sont superflus :
Que pouvez-vous, monsieur, me dire là-dessus ?
Aurez-vous bien le front de me vouloir en face
Excuser les horreurs de tout ce qui se passe ?

PHILINTE
1555 Non, je tombe d'accord de tout ce qu'il vous plaît :
Tout marche par cabale[3] et par pur intérêt ;
Ce n'est plus que la ruse aujourd'hui qui l'emporte,
Et les hommes devraient être faits d'autre sorte ;

---

1. **Il est constant** : il est certain, avéré.
2. **On n'a point trop donné [...] tourné** : on n'a pas trop cru aux rumeurs que par méchanceté il a fait courir.
3. **Cabale** : intrigue.

Mais est-ce une raison que leur peu d'équité
1560 Pour vouloir se tirer de leur société ?
Tous ces défauts humains nous donnent, dans la vie,
Des moyens d'exercer notre philosophie ;
C'est le plus bel emploi que trouve la vertu ;
Et, si de probité tout était revêtu,
1565 Si tous les cœurs étaient francs, justes et dociles,
La plupart des vertus nous seraient inutiles.
Puisqu'on en met l'usage à pouvoir sans ennui
Supporter dans nos droits[1] l'injustice d'autrui ;
Et, de même qu'un cœur d'une vertu profonde...

ALCESTE

1570 Je sais que vous parlez, monsieur, le mieux du monde ;
En beaux raisonnements vous abondez toujours ;
Mais vous perdez le temps et tous vos beaux discours.
La raison, pour mon bien, veut que je me retire :
Je n'ai point sur ma langue un assez grand empire.
1575 De ce que je dirais je ne répondrais pas,
Et je me jetterais cent choses sur les bras.
Laissez-moi sans dispute[2] attendre Célimène :
Il faut qu'elle consente au dessein qui m'amène ;
Je vais voir si son cœur a de l'amour pour moi,
1580 Et c'est ce moment-ci qui doit m'en faire foi.

PHILINTE

Montons chez Éliante, attendant sa venue.

ALCESTE

Non, de trop de souci je me sens l'âme émue.
Allez-vous-en la voir, et me laissez enfin
Dans ce petit coin sombre avec mon noir chagrin.

PHILINTE

1585 C'est une compagnie étrange pour attendre,
Et je vais obliger[3] Éliante à descendre.

---

1. **Dans nos droits :** quand nous sommes dans notre droit.
2. **Sans dispute :** sans autre discussion.
3. **Obliger :** lui demander de bien avoir l'obligeance de descendre.

REPÈRES

• Quand a-t-on vu un dialogue entre Alceste et Philinte ?
• A-t-il déjà été question du « *traître* » mentionné au vers 1493 ?

OBSERVATION

• Citez précisément des expressions qu'Alceste a déjà prononcées au début de la pièce.
• En quoi cette journée a-t-elle été décisive pour Alceste ?
• Qu'y a-t-il de changé par rapport au début de la pièce (citez au moins deux événements qui sont survenus) ?
• Relevez les moyens stylistiques qui traduisent la colère et le dépit d'Alceste (analysez en particulier le vocabulaire et les modalités de la phrase dans la première tirade).
• Étudiez les vers 1540, 1551 et 1569-1570. Que traduisent les interruptions d'Alceste ?
• En quoi les vers 1544-1545 et 1584 sont-ils contradictoires ?
• Expliquez les métaphores des vers 1522-1523. Comparez-les avec celles des vers 173-178. Qu'ont-elles en commun ?
• Résumez le raisonnement de Philinte.
• Le trouvez-vous convaincant (vers 1555-1569) ? Pourquoi ?
• Quel est l'intérêt dramatique de cette scène ?

INTERPRÉTATIONS

• Cette scène dresse un réquisitoire du système judiciaire. Montrez comment elle complète la peinture satirique de la société du XVIIe siècle.
• Philinte veut dédramatiser la situation. En quoi est-ce important dans une pièce comme *Le Misanthrope* ?
• Selon vous, Alceste est-il un extravagant ? Justifiez votre réponse.

SCÈNE 2. ORONTE, CÉLIMÈNE, ALCESTE.

ORONTE

Oui, c'est à vous de voir si par des nœuds si doux,
Madame, vous voulez m'attacher tout à vous.
Il me faut de votre âme une pleine assurance :
1590 Un amant là-dessus n'aime point qu'on balance[1].
Si l'ardeur de mes feux a pu vous émouvoir,
Vous ne devez point feindre à[2] me le faire voir ;
Et la preuve, après tout, que je vous en demande,
C'est de ne plus souffrir qu'Alceste vous prétende[3],
1595 De le sacrifier, madame, à mon amour,
Et de chez vous enfin le bannir dès ce jour.

CÉLIMÈNE

Mais quel sujet si grand contre lui vous irrite,
Vous à qui j'ai tant vu parler de son mérite ?

ORONTE

Madame, il ne faut point ces éclaircissements ;
1600 Il s'agit de savoir quels sont vos sentiments ;
Choisissez, s'il vous plaît, de garder l'un ou l'autre ;
Ma résolution n'attend rien que la vôtre.

ALCESTE, *sortant du coin où il s'était retiré.*
Oui, monsieur a raison ; madame, il faut choisir,
Et sa demande ici s'accorde à mon désir ;
1605 Pareille ardeur me presse et même soin m'amène :
Mon amour veut du vôtre une marque certaine.
Les choses ne sont plus pour traîner en longueur,
Et voici le moment d'expliquer votre cœur.

ORONTE

Je ne veux point, monsieur, d'une flamme importune
1610 Troubler aucunement votre bonne fortune.

---

1. **Balance** : hésite.
2. **Feindre à** : hésiter à.
3. **Vous prétende** : soit votre prétendant.

ALCESTE

Je ne veux point, monsieur, jaloux ou non jaloux,
Partager de son cœur rien du tout avec vous.

ORONTE

Si votre amour au mien lui semble préférable...

ALCESTE

Si du moindre penchant elle est pour vous capable...

ORONTE

1615 Je jure de n'y rien prétendre désormais.

ALCESTE

Je jure hautement de ne la voir jamais.

ORONTE

Madame, c'est à vous de parler sans contrainte.

ALCESTE

Madame, vous pouvez vous expliquer sans crainte.

ORONTE

Vous n'avez qu'à nous dire où s'attachent vos vœux.

ALCESTE

1620 Vous n'avez qu'à trancher et choisir de nous deux.

ORONTE

Quoi ! sur un pareil choix vous semblez être en peine ?

ALCESTE

Quoi ! votre âme balance et paraît incertaine ?

CÉLIMÈNE

Mon Dieu ! que cette instance[1] est là hors de saison,
Et que vous témoignez tous deux peu de raison !
1625 Je sais prendre parti sur cette préférence[2],
Et ce n'est pas mon cœur maintenant qui balance :
Il n'est point suspendu, sans doute, entre vous deux,
Et rien n'est sitôt fait que le choix de nos vœux.
Mais je souffre, à vrai dire, une gêne trop forte
1630 À prononcer en face un aveu de la sorte :
Je trouve que ces mots, qui sont désobligeants,

---

1. **Instance** : sollicitation.
2. **Je sais [...] préférence** : je suis capable de choisir entre vous deux.

Ne se doivent point dire en présence des gens ;
Qu'un cœur de son penchant donne assez de lumière,
Sans qu'on nous fasse aller jusqu'à rompre en visière[1],
1635 Et qu'il suffit enfin que de plus doux témoins
Instruisent un amant du malheur de ses soins.

ORONTE

Non, non, un franc aveu n'a rien que j'appréhende,
J'y consens pour ma part.

ALCESTE

Et moi, je le demande.
C'est son éclat surtout qu'ici j'ose exiger,
1640 Et je ne prétends point vous voir rien ménager.
Conserver tout le monde est votre grande étude[2] !
Mais plus d'amusement[3] et plus d'incertitude :
Il faut vous expliquer nettement là-dessus,
Ou bien pour un arrêt[4] je prends votre refus.
1645 Je saurai, de ma part, expliquer ce silence,
Et me tiendrai pour dit tout le mal que j'en pense.

ORONTE

Je vous sais fort bon gré, monsieur, de ce courroux,
Et je lui dis ici même chose que vous.

CÉLIMÈNE

Que vous me fatiguez avec un tel caprice !
1650 Ce que vous demandez a-t-il de la justice,
Et ne vous dis-je pas quel motif me retient ?
J'en vais prendre pour juge Éliante, qui vient.

---

1. **Rompre en visière** : attaquer de face, donc, ici, se prononcer ouvertement.
2. **Étude** : passion.
3. **Amusement** : retard.
4. **Arrêt** : décision, sentence.

SCÈNE 3. ÉLIANTE, PHILINTE, CÉLIMÈNE, ORONTE, ALCESTE.

CÉLIMÈNE

Je me vois, ma cousine, ici persécutée
Par des gens dont l'humeur y paraît concertée.
1655 Ils veulent l'un et l'autre avec même chaleur
Que je prononce entre eux le choix que fait mon cœur,
Et que, par un arrêt, qu'en face il me faut rendre,
Je défende à l'un d'eux tous les soins[1] qu'il peut prendre.
Dites-moi si jamais cela se fait ainsi.

ÉLIANTE

1660 N'allez point là-dessus me consulter ici ;
Peut-être y pourriez-vous être mal adressée,
Et je suis pour les gens qui disent leur pensée.

ORONTE

Madame, c'est en vain que vous vous défendez.

ALCESTE

Tous vos détours ici seront mal secondés.

ORONTE

1665 Il faut, il faut parler, et lâcher la balance[2].

ALCESTE

Il ne faut que poursuivre à garder le silence[3].

ORONTE

Je ne veux qu'un seul mot pour finir nos débats.

ALCESTE

Et moi, je vous entends, si vous ne parlez pas.

---

1. **Soins :** attentions amoureuses, assiduités dont on fait preuve auprès de l'être aimé.
2. **Lâcher la balance :** laisser aller les plateaux de la balance pour effectuer la pesée ; ici faire un choix.
3. **Il ne faut que poursuivre à garder le silence :** continuez à garder le silence.

REPÈRES

• Quand Oronte a-t-il déjà été vu sur scène ?
• Et quand a-t-on parlé de lui ?
• Oronte et Célimène se sont-ils déjà parlé dans la pièce ?
• L'arrivée de Philinte et d'Éliante à la scène 3 était-elle annoncée ?

OBSERVATION

• En quoi le début de la scène 2 est-il une situation de comédie ? (voir *Tartuffe*)
• À quelle scène les vers 1587-1602 vous font-ils penser ?
• Analysez les vers 1609-1622 et 1663-1668. Quel est le procédé utilisé ?
• Comparez avec les vers 421-438. En quoi la situation a-t-elle changé ?
• Comment Célimène essaie-t-elle d'apaiser ses deux prétendants (vers 1623-1636) ?
• Relevez le vocabulaire de la justice et du procès. Qui est le juge ? Qui est l'accusé ? Qui sont les accusateurs ?
• À l'arrivée d'Éliante et de Philinte, montrez que Célimène tente de modifier les rôles. Y parvient-elle ?
• À quoi voit-on que Célimène échoue à reprendre la situation en main (scène 3) ?
• Que signifient les vers 1666 et 1668 ?

INTERPRÉTATIONS

• Alceste n'est pas découvert par les deux autres personnages, il sort lui-même de son « *petit coin sombre* ». Pourquoi ?
• Que craint-il d'entendre ?
• Quelles sont les raisons du refus d'Éliante dans la scène 3 ?
• Pourquoi le langage de l'amour précieux utilisé par Célimène, et grâce auquel elle avait désamorcé les précédentes attaques d'Alceste (acte II, scène 1 et acte IV, scène 3), ne peut-il s'instaurer ici ?
• Alceste et Oronte sont-ils rivaux ou alliés ? Comparez avec la scène 2 de l'acte I.

SCÈNE 4. ACASTE, CLITANDRE, ARSINOÉ, PHILINTE, ÉLIANTE, ORONTE, CÉLIMÈNE, ALCESTE.

ACASTE

Madame, nous venons tous deux, sans vous déplaire,
1670 Éclaircir avec vous une petite affaire.

CLITANDRE, *à Oronte et à Alceste.*

Fort à propos, messieurs, vous vous trouvez ici,
Et vous êtes mêlés dans cette affaire aussi.

ARSINOÉ

Madame, vous serez surprise de ma vue,
Mais ce sont ces messieurs qui causent ma venue :
1675 Tous deux, ils m'ont trouvée et se sont plaints à moi
D'un trait à qui mon cœur ne saurait prêter foi.
J'ai du fond de votre âme une trop haute estime
Pour vous croire jamais coupable d'un tel crime ;
Mes yeux ont démenti leurs témoins[1] les plus forts,
1680 Et, l'amitié passant sur les petits discords[2],
J'ai bien voulu chez vous leur faire compagnie
Pour vous voir vous laver de cette calomnie.

ACASTE

Oui, madame, voyons, d'un esprit adouci,
Comment vous vous prendrez à soutenir ceci[3].
1685 Cette lettre par vous est écrite à Clitandre.

CLITANDRE

Vous avez pour Acaste écrit ce billet tendre.

---

1. **Témoins** : preuves.
2. **Discords** : désaccords, querelles.
3. **Soutenir ceci** : vous défendre sur ce point.

ACASTE, *à Oronte et à Alceste.*
Messieurs, ces traits[1] pour vous n'ont point d'obscurité,
Et je ne doute pas que sa civilité[2]
À connaître sa main[3] n'ait trop su vous instruire ;
1690 Mais ceci vaut assez la peine de le lire :

« Vous êtes un étrange homme[4] de condamner mon
enjouement et de me reprocher que je n'ai jamais tant de
joie que lorsque je ne suis pas avec vous. Il n'y a rien de
plus injuste ; et, si vous ne venez bien vite me demander
pardon de cette offense, je ne vous la pardonnerai de ma
vie. Notre grand flandrin[5] de vicomte... »

Il devrait être ici.

« Notre grand flandrin de vicomte, par qui vous commen-
cez vos plaintes, est un homme qui ne saurait me revenir :
et, depuis que je l'ai vu, trois quarts d'heure durant, cracher
dans un puits pour faire des ronds, je n'ai pu jamais prendre
bonne opinion de lui. Pour le petit marquis... »

C'est moi-même, messieurs, sans nulle vanité.

« Pour le petit marquis, qui me tint hier longtemps
la main[6], je trouve qu'il n'y a rien de si mince que toute sa
personne ; et ce sont de ces mérites qui n'ont que la cape
et l'épée[7]. Pour l'homme aux rubans verts... »
        (À Alceste.)
À vous le dé[8], monsieur.

---

1. **Traits :** écriture.
2. **Sa civilité :** son caractère sociable.
3. **Connaître sa main :** reconnaître son écriture.
4. En 1682, on ajoutera ici *Clitandre.*
5. **Flandrin :** homme mal bâti, fluet.
6. **Qui me tint [...] main :** qui me donna le bras pour m'accompagner.
7. **Qui n'ont que la cape et l'épée :** qui n'ont que peu de valeur. Se disait de
cadets nobles n'ayant que les attributs extérieurs de la noblesse, mais sans
fortune.
8. **À vous le dé :** à votre tour (vocabulaire du jeu).

Jany Gastaldi (Célimène), Jean-Claude Durand (Acaste)
et Daniel Martin (Clitandre) dans Le Misanthrope.
Mise en scène d'Antoine Vitez, 1978.

« Pour l'homme aux rubans verts, il me divertit quelque-fois avec ses brusqueries et son chagrin bourru ; mais il est cent moments où je le trouve le plus fâcheux du monde. Et pour l'homme à la veste... »

(À Oronte.)
Voici votre paquet[1].

« Et pour l'homme à la veste, qui s'est jeté dans le bel esprit et veut être auteur malgré tout le monde, je ne puis me donner la peine d'écouter ce qu'il dit, et sa prose me fatigue autant que ses vers. Mettez-vous donc en tête que je ne me divertis pas toujours si bien que vous pensez ; que je vous trouve à dire[2] plus que je ne voudrais dans toutes les parties où l'on m'entraîne, et que c'est un merveilleux assaisonnement aux plaisirs qu'on goûte que la présence des gens qu'on aime. »

CLITANDRE
Me voici maintenant, moi.

« Votre Clitandre, dont vous me parlez, et qui fait tant le doucereux, est le dernier des hommes pour qui j'aurais de l'amitié. Il est extravagant de se persuader qu'on l'aime, et vous l'êtes de croire qu'on ne vous aime pas. Changez, pour être raisonnable, vos sentiments contre les siens, et voyez-moi le plus que vous pourrez, pour m'aider à porter[3] le chagrin d'en être obsédée[4]. »

D'un fort beau caractère on voit là le modèle,
Madame, et vous savez comment cela s'appelle ?
Il suffit, nous allons l'un et l'autre en tous lieux
Montrer de votre cœur le portrait glorieux.

---

1. **Voici votre paquet :** littéralement, « votre courrier ». Ici : « Voici votre tour ».
2. **Que je vous trouve à dire :** que je regrette votre absence.
3. **Porter :** supporter.
4. **Obsédée :** assiégée.

ACASTE

1695 J'aurais de quoi vous dire, et belle est la matière,
Mais je ne vous tiens pas digne de ma colère,
Et je vous ferai voir que les petits marquis
Ont pour se consoler des cœurs du plus haut prix.

ORONTE

Quoi ! de cette façon je vois qu'on me déchire[1].
1700 Après tout ce qu'à moi je vous ai vu m'écrire :
Et votre cœur, paré de beaux semblants d'amour,
À tout le genre humain se promet tour à tour !
Allez, j'étais trop dupe, et je ne vais plus l'être ;
Vous me faites un bien, me faisant vous connaître ;
1705 J'y profite d'un cœur[2] qu'ainsi vous me rendez,
Et trouve ma vengeance en ce que vous perdez.

(À Alceste.)

Monsieur, je ne fais plus d'obstacle à votre flamme,
Et vous pouvez conclure affaire avec madame.

ARSINOÉ

Certes, voilà le trait du monde le plus noir ;
1710 Je ne m'en saurais taire et me sens émouvoir.
Voit-on des procédés qui soient pareils aux vôtres ?
Je ne prends point de part aux intérêts des autres[3] ;
Mais monsieur, que chez vous fixait votre bonheur,
Un homme comme lui, de mérite et d'honneur,
1715 Et qui vous chérissait avec idôlatrie,
Devait-il...

ALCESTE

Laissez-moi, madame, je vous prie,
Vider mes intérêts moi-même là-dessus,
Et ne vous chargez point de ces soins superflus.
Mon cœur a beau vous voir prendre ici sa querelle[4],

---

1. **Déchire** : critique, calomnie.
2. **J'y profite d'un cœur** : je regagne en cela mon cœur.
3. **Des autres** : Oronte et les marquis.
4. **Prendre ici sa querelle** : défendre ici sa cause.

1720 Il n'est point en état de payer ce grand zèle,
Et ce n'est pas à vous que je pourrai songer
Si par un autre choix je cherche à me venger.

ARSINOÉ

Hé ! croyez-vous, monsieur, qu'on ait cette pensée
Et que de vous avoir on soit tant empressée ?
1725 Je vous trouve un esprit bien plein de vanité,
Si de cette créance[1] il peut s'être flatté :
Le rebut[2] de madame est une marchandise
Dont on aurait grand tort d'être si fort éprise.
Détrompez-vous, de grâce, et portez-le moins haut[3] ;
1730 Ce ne sont pas des gens comme moi qu'il vous faut ;
Vous ferez bien encor de soupirer pour elle,
Et je brûle de voir une union si belle.

(Elle se retire.)

ALCESTE

Hé bien ! je me suis tu, malgré ce que je vois,
Et j'ai laissé parler tout le monde avant moi.
1735 Ai-je pris sur moi-même un assez long empire[4],
Et puis-je maintenant ?...

CÉLIMÈNE

Oui, vous pouvez tout dire ;
Vous en êtes en droit, lorsque vous vous plaindrez,
Et de me reprocher tout ce que vous voudrez.
J'ai tort, je le confesse, et mon âme confuse
1740 Ne cherche à vous payer d'aucune vaine excuse.
J'ai des autres ici méprisé le courroux,
Mais je tombe d'accord de mon crime envers vous.
Votre ressentiment, sans doute, est raisonnable ;
Je sais combien je dois vous paraître coupable,
1745 Que toute chose dit que j'ai pu vous trahir,

---

1. **Créance :** croyance.
2. **Rebut :** ce que madame (Célimène) a refusé.
3. **Portez-le moins haut :** soyez moins hautain.
4. **Empire :** maîtrise, contrôle.

Et qu'enfin vous avez sujet de me haïr.
Faites-le, j'y consens.

ALCESTE

Hé ! le puis-je, traîtresse ?
Puis-je ainsi triompher de toute ma tendresse ?
Et, quoique avec ardeur je veuille vous haïr,
1750 Trouvé-je un cœur en moi tout prêt à m'obéir ?
(À Éliante et Philinte.)
Vous voyez ce que peut une indigne tendresse,
Et je vous fais tous deux témoins de ma faiblesse.
Mais, à vous dire vrai, ce n'est pas encor tout,
Et vous allez me voir la pousser jusqu'au bout,
1755 Montrer que c'est à tort que sages on nous nomme,
Et que dans tous les cœurs il est toujours de l'homme[1].
(À Célimène.)
Oui, je veux bien, perfide, oublier vos forfaits,
J'en saurai dans mon âme excuser tous les traits,
Et me les couvrirai du nom d'une faiblesse
1760 Où le vice du temps porte votre jeunesse,
Pourvu que votre cœur veuille donner les mains[2]
Au dessein que je fais de fuir tous les humains,
Et que dans mon désert[3], où j'ai fait vœu de vivre,
Vous soyez, sans tarder, résolue à me suivre.
1765 C'est par là seulement que, dans tous les esprits,
Vous pouvez réparer le mal de vos écrits.
Et qu'après cet éclat, qu'un noble cœur abhorre,
Il peut m'être permis de vous aimer encore.

CÉLIMÈNE

Moi, renoncer au monde avant que de vieillir,
1770 Et dans votre désert aller m'ensevelir !

---

1. **Et que dans [...] homme :** dans tous les cœurs, il y a toujours de la faiblesse humaine.
2. **Donner les mains :** se prêter.
3. **Désert :** propriété à la campagne.

ALCESTE

Eh ! s'il faut qu'à mes yeux votre flamme réponde,
Que doit vous importer tout le reste du monde ?
Vos désirs avec moi ne sont-ils pas contents[1] ?

CÉLIMÈNE

La solitude effraye une âme de vingt ans ;
1775 Je ne sens point la mienne assez grande, assez forte,
Pour me résoudre à prendre un dessein de la sorte.
Si le don de ma main peut contenter vos vœux,
Je pourrai me résoudre à serrer de tels nœuds,
Et l'hymen...

ALCESTE

Non, mon cœur à présent vous déteste,
1780 Et ce refus lui seul fait plus que tout le reste.
Puisque vous n'êtes point, en des liens si doux,
Pour[2] trouver tout en moi, comme moi tout en vous,
Allez, je vous refuse, et ce sensible outrage
De vos indignes fers[3] pour jamais me dégage.

(Célimène se retire et Alceste parle à Éliante.)

1785 Madame, cent vertus ornent votre beauté,
Et je n'ai vu qu'en vous de la sincérité ;
De vous, depuis longtemps, je fais un cas extrême ;
Mais laissez-moi toujours vous estimer de même,
Et souffrez que mon cœur, dans ses troubles divers,
1790 Ne se présente point à l'honneur de vos fers[4] ;
Je m'en sens trop indigne et commence à connaître[5]
Que le ciel pour ce nœud ne m'avait point fait naître ;
Que ce serait pour vous un hommage trop bas
Que le rebut[6] d'un cœur qui ne vous valait pas ;
1795 Et qu'enfin...

---

1. **Contents** : satisfaits.
2. **Vous n'êtes point [...] pour** : vous n'êtes pas capable de.
3. **Fers** : « amour » dans le langage précieux.
4. **L'honneur de vos fers** : voir vers 1784.
5. **Connaître** : me rendre compte.
6. **Rebut** : voir vers 1727.

ÉLIANTE
Vous pouvez suivre cette pensée ;
Ma main de se donner n'est pas embarrassée,
Et voilà votre ami, sans trop m'inquiéter[1],
Qui, si je l'en priais, la pourrait accepter.

PHILINTE
Ah ! cet honneur, madame, est toute mon envie,
1800 Et j'y sacrifierais et mon sang et ma vie.

ALCESTE
Puissiez-vous, pour goûter de vrais contentements,
L'un pour l'autre à jamais garder ces sentiments.
Trahi de toutes parts, accablé d'injustices,
Je vais sortir d'un gouffre où triomphent les vices,
1805 Et chercher sur la terre un endroit écarté[2]
Où d'être homme d'honneur on ait la liberté.

PHILINTE
Allons, madame, allons employer toute chose
Pour rompre le dessein que son cœur se propose.

J. B. P. de Molière

---

1. **Sans trop m'inquiéter :** sans que je m'inquiète, que j'aie à m'inquiéter.
2. **Écarté :** à l'écart.

Repères

• À quel moment de la pièce y a-t-il autant de personnages sur scène ?
• Depuis quand n'a-t-on pas vu les marquis et Arsinoé ?
• vers 1763 : retrouvez dans l'ensemble de la pièce les allusions à ce projet.

Observation

• À quelle scène vous fait penser le discours d'Arsinoé (vers 1673-1682) ?
• Repérez des arguments qu'elle a déjà utilisés.
• Quelle est la différence entre les portraits oraux de la scène 4 de l'acte II et les portraits écrits que l'on a ici ?
• Étudiez les portraits de Célimène en montrant qu'elle joue sur toute la gamme du comique (du comique trivial à une ironie subtile...).
• Que révèle le vers 1700 ?
• En quoi cette scène donne-t-elle raison aux plus graves soupçons d'Alceste ?
• Alceste abrège les remontrances que les autres personnages font à Célimène. Pour quelle raison ?
• Les vers 1720-1722 montrent qu'Alceste a compris la stratégie d'Arsinoé. À qui d'autre pourrait-il songer pour se « *venger* » ?
• Recensez les différentes entrées et sorties de scène. Reste-t-il quelqu'un sur scène à la fin de la pièce ?
• Que signifie le silence de Célimène ? Quand reprend-elle la parole ? Pour quelle raison ?
• L'entretien privé qu'Alceste a tenté d'avoir avec Célimène durant toute la pièce – et qui devait lui révéler le cœur de son « *amante* » – a-t-il réellement lieu ?
• La proposition d'Alceste à Célimène est-elle une surprise pour le spectateur (vers 1763-1764) ?
• Quel autre arrangement pouvait-on attendre ?
• L'argument explicitement invoqué par Célimène est sa jeunesse (vers 1774-1779). À partir de ce que la pièce vous a appris de son caractère, quelles pourraient être ses motivations implicites ?
• En quoi le vers 1779 révèle-t-il le caractère d'Alceste ?
• Ce revirement est-il surprenant ? Voir en particulier les

vers 1757-1768 : cette tirade exprime-t-elle de l'amour ou de la haine pour Célimène ?
• Que signifie être un « *homme d'honneur* » (vers 1806) ?
• Le mariage d'Éliante et de Philinte était-il prévisible ?

INTERPRÉTATIONS

• Étudiez le contraste entre la scène 4 de l'acte II et cette scène-ci. Montrez en quoi cette dernière scène ressemble aux fins des autres comédies tout en s'en distinguant. En quoi a-t-on pu dire que cette dernière scène était tragique ?
• Partagez-vous cet avis ?
• Que symbolise le départ progressif de tous les personnages ?
• Alceste veut aller au désert. Mais ne peut-on pas dire que la scène elle-même devient un « *désert* » ?
• La dernière réplique d'Alceste ne recèle-t-elle pas une contradiction ?
• En quoi celle-ci est-elle particulièrement significative du caractère d'Alceste ?
• Cette fin de pièce est ouverte. Imaginez différentes suites possibles au *Misanthrope*.

Par rapport aux règles du théâtre classique

Selon les préceptes du théâtre classique, le dénouement doit être à la fois nécessaire, complet et rapide. Le dénouement du *Misanthrope* est nécessaire. Le pacte entre les deux marquis remonte au début de l'acte III. On comprend donc qu'ils se soient montré les lettres de Célimène, ce qui rend possible leur lecture publique. Il est rapide. Il commence à la dernière péripétie (l'arrivée des marquis) et tient en une seule scène. Mais il est incomplet. En effet, pour être complet, un dénouement doit fixer le sort de tous les personnages importants, ce qui est loin d'être le cas : que devient Célimène ? Philinte réussit-il à dissuader Alceste de son projet ?

Par rapport à la tradition

Le dénouement des pièces de théâtre classique répond à certaines traditions. Premièrement, s'il s'agit d'une comédie, la pièce doit se finir par un ou des mariages. C'est le cas dans nombre de comédies de Molière. Dans *Le Misanthrope*, seul le mariage entre Éliante et Philinte semble prévu ; or ce ne sont pas les personnages principaux de la pièce. Bien plus, on assiste à un rejet de cette solution au vers 1779, quand Alceste refuse la main de Célimène, comme si Molière voulait se détacher explicitement de la tradition. Deuxièmement, tous les personnages de la pièce se rassemblent traditionnellement sur scène au moment du dénouement. Au début de la scène 4 de l'acte V, on a un effet de ce genre, avec l'arrivée des marquis et d'Arsinoé. Mais les personnages quittent peu à peu la scène, et il ne reste qu'Éliante et Philinte, qui manifeste lui aussi le désir de suivre Alceste. Là encore, Molière se distingue de la tradition classique du dénouement. Au lieu du rassemblement joyeux des personnages, on assiste à leur triste débandade. *Le Misanthrope* présente ainsi une vision plus complexe du monde, où les difficultés ne peuvent se résoudre aussi facilement que dans les comédies traditionnelles, ce que traduit bien ce dénouement original.

Comment lire l'œuvre

Résumé

Acte I

Reprochant à son ami Philinte de se livrer à la flatterie, Alceste condamne les faux-semblants de la société mondaine. Refusant l'esprit de conciliation invoqué par Philinte, il déclare tous les hommes haïssables et cite à l'appui les intrigues du traître avec lequel il est en procès. Amoureux de la coquette Célimène, Alceste espère bien corriger ses travers (scène 1).

Survient Oronte, un soupirant de Célimène, qui, après avoir couvert Alceste d'éloges, lui présente le sonnet galant qu'il a composé. Alceste finit par avouer qu'il juge ce sonnet médiocre, suscitant les reproches indignés d'Oronte. Philinte s'interpose alors que la dispute s'envenime (scène 2). Selon Philinte cet incident aura des suites fâcheuses, mais Alceste refuse désormais de l'entendre (scène 3).

Acte II

Alceste accuse Célimène d'être trop complaisante envers ses soupirants, et en particulier envers l'élégant Clitandre. Alors qu'Alceste entend obtenir la preuve de l'amour que Célimène déclare lui porter (scène 1), Acaste puis Clitandre (scènes 2 et 3), soupirants de Célimène, sont annoncés. La maîtresse de maison accueille ces prestigieux visiteurs ainsi que Philinte et Éliante. Animant la conversation, elle improvise de brillants portraits satiriques, ce qui provoque l'admiration des marquis. Alceste, indigné, interrompt la conversation pour distribuer les blâmes et s'attire les rires de l'assistance (scène 4). Arrive un garde envoyé par le Tribunal des maréchaux qui somme Alceste de se rendre auprès des juges pour régler l'affaire avec Oronte (scènes 5 et 6).

Acte III

Les deux marquis scellent un pacte : qui produira la preuve que Célimène l'aime verra son rival lui céder la place (scène 1). Arrive Arsinoé. Prude mais en quête d'amants, elle a des vues sur Alceste (scènes 2 et 3). Sous le prétexte de l'amitié, elle rapporte à Célimène les réprobations que suscite sa conduite galante. Célimène lui rend la pareille en rapportant les propos qui dénoncent l'hypocrisie d'Arsinoé (scène 4). Arsinoé coupe court à la dispute et se retrouve seule avec Alceste (scène 5). Essayant de s'attirer les faveurs d'Alceste, elle lui propose de lui fournir une preuve de l'infidélité de Célimène.

Acte IV

Alors que Philinte raconte à Éliante le règlement de l'affaire avec Oronte, Éliante avoue son amour pour Alceste. Philinte, respectant les sentiments de la jeune femme, lui déclare cependant qu'il l'aime et est prêt à l'épouser (scène 1). Surgit Alceste, troublé par une vive émotion : une lettre remise par Arsinoé l'a convaincu que Célimène le trompe. Par vengeance, il propose à Éliante de l'épouser (scène 2). Célimène rejette les accusations d'Alceste et désamorce sa colère en l'assurant de sa tendresse (scène 3). Le tête-à-tête est interrompu par l'arrivée de Du Bois, valet d'Alceste, qui encourage son maître à fuir face à la menace d'une arrestation (scène 4).

Acte V

Alceste, indigné par la perte de son procès, souhaite se retirer du « *commerce des hommes* ». Auparavant il veut parler à Célimène (scène 1). Celle-ci se refuse à choisir publiquement entre Alceste et Oronte (scènes 2 et 3). Clitandre, Acaste et Arsinoé surviennent alors. Les marquis lisent deux billets galants écrits par Célimène qui révèlent qu'elle se jouait de tous ses amants. Pour entretenir chacun dans l'illusion d'être aimé, elle se moquait de ses rivaux auprès de lui. Tous se retirent scandalisés. Alceste offre à Célimène son pardon si elle accepte de le suivre dans son désert. Prête à épouser Alceste, celle-ci refuse néanmoins de renoncer au monde. Célimène puis Alceste se retirent. Éliante accepte d'épouser Philinte qui affirme sa volonté de dissuader Alceste de quitter la société des hommes.

La structure dramatique

L'action dans *Le Misanthrope* tient en peu de mots : un ardent défenseur de la sincérité, contempteur des travers du siècle (Alceste), est amoureux d'une coquette (Célimène). Il veut avoir un entretien avec elle pour qu'elle dévoile ses sentiments. Telle est l'intrigue.

À partir de là, on peut reconnaître dans *Le Misanthrope* une structure simple que Molière avait déjà expérimentée dans ses premières pièces (*L'Étourdi* en 1655 et *Les Fâcheux* en 1661) : les desseins du personnage principal se heurtent à des obstacles successifs et sont sans cesse différés.

Ainsi, Alceste formule à la scène 1 de l'acte I son désir d'avoir un entretien avec Célimène (v. 241-242) :

> « Et je ne viens ici qu'à dessein de lui dire
> Tout ce que là-dessus ma passion m'inspire. »

L'arrivée d'Oronte (acte I, scène 2) constitue un premier contretemps. Au début de l'acte II (scène 1) Alceste est sur le point de réaliser son dessein. Après avoir reproché à Célimène sa complaisance envers ses soupirants, il l'invite à la confidence (v. 530-531) :

> « À tous nos démêlés coupons chemin, de grâce,
> Parlons à cœur ouvert et voyons d'arrêter... »

Mais le tête-à-tête est alors interrompu par l'arrivée d'Acaste et de Clitandre. Ces visiteurs importuns contraignent Alceste à renoncer à ses desseins et suscitent son exaspération (v. 533-534) :

> « Quoi ? L'on ne peut jamais vous parler tête à tête ?
> À recevoir le monde on vous voit toujours prête, »

À la fin de l'acte II, un contretemps supplémentaire oblige Alceste à quitter le salon sans avoir pu poursuivre son entretien avec Célimène. Il est convoqué au Tribunal des maréchaux en vue de régler le différend avec Oronte.

À l'acte III, la venue d'Arsinoé constitue aussi indirectement un contretemps. Alceste, revenu pour voir Célimène, se retrouve avec la prude Arsinoé qui l'entraîne chez elle, l'obligeant ainsi une fois de plus à différer son entretien.

À l'acte IV, Alceste, suite à l'intrigue d'Arsinoé, est convaincu de l'infidélité de Célimène. Celle-ci parvient à l'apaiser (acte IV, scène 3). Mais une fois de plus l'entretien est interrompu. Le valet d'Alceste, Du Bois, annonce à Alceste qu'il est menacé d'arrestation dans le cadre de son procès et l'invite à fuir. Ainsi Alceste ne parvient-il jamais à ses fins : obtenir de Célimène un entretien « *à cœur ouvert* ». Ce n'est qu'à la dernière scène de l'acte V que Célimène dévoile à Alceste ses sentiments, en acceptant de l'épouser mais en refusant de le suivre au désert.

Prolongements

Le Misanthrope comprend cinq actes, ce qui est rare pour une comédie. Comment peut-on justifier cette particularité ? On peut mettre au jour un schéma dramatique qui s'appuie sur les contretemps qui empêchent Alceste de s'entretenir en privé avec la femme qu'il aime. En distinguant les scènes de liaison et les « grandes scènes », dégagez un autre principe de la dramaturgie du *Misanthrope*.

On a souvent dit que l'intrigue du *Misanthrope* est pauvre, voire inexistante. Montrez en quoi elle peut cependant apparaître complexe.

Le Misanthrope satisfait-il aux règles dramatiques du théâtre classique ?

Montrez de quelle manière Molière utilise à des fins comiques le contraste dans la liaison des scènes.

Quel est le principal conflit de la pièce ? En quoi Molière renouvelle-t-il l'usage théâtral du conflit ?

En examinant la composition de la pièce, dites pourquoi *Le Misanthrope* constitue une comédie de caractère.

Les personnages

Le système des personnages peut s'organiser selon différents principes d'opposition. L'opposition entre Alceste et Célimène est centrale. Le misanthrope dénonce la société mondaine. La coquette au contraire en est une parfaite représentante. Mais Alceste et Célimène se ressemblent sur un point : tous deux dénoncent les travers de leurs contemporains. Célimène s'adonne à la médisance (acte II, scène 4 et acte V, scène 4) mais aussi à la réprobation directe face à Alceste (v. 669-680) et Arsinoé (acte III, scène 4). Alceste, quant à lui, dénonce en permanence la corruption des hommes de son temps. Le couple Alceste-Célimène repose ainsi sur un antagonisme doublé d'une complémentarité.

Une autre ligne d'opposition sépare Alceste, incapable de vivre en société, de tous les autres personnages, qui acceptent les règles du jeu social. Cet ensemble se subdivise lui-même en deux sous-groupes : d'un côté ceux qui basculent dans l'hypocrisie et les intrigues courtisanes (Célimène, les marquis, Oronte, Arsinoé…), de l'autre ceux qui respectent les codes mondains tout en préservant une certaine forme de franchise (Éliante et Philinte).

Enfin, du point de vue de l'intrigue amoureuse, les deux couples de la pièce (Alceste-Célimène et Philinte-Éliante) incarnent deux versions opposées de l'amour.

L'étude détaillée des différents personnages dessine une ligne de démarcation traditionnelle entre les personnages principaux aux caractères complexes et ambigus (Alceste, Célimène et Philinte) et les personnages secondaires qui sont souvent des types dépourvus d'épaisseur propre.

es personnages principaux

Alceste

Alceste est misanthrope. Comme les héros traditionnels de la comédie, il est l'incarnation d'un défaut, ici la haine des hommes. D'entrée de jeu, dans la scène 1 de l'acte I, il est présenté comme un extravagant, un homme bourru, peu sociable. Philinte évoque sa « *bizarrerie* » (v. 2) et ses « *brusques chagrins* » (v. 6). En multipliant les références à la théorie des humeurs (par exemple v. 90-91, v. 105-106, ou encore le sous-titre *L'Atrabilaire amoureux*), Molière suggère qu'Alceste manifeste dans ses accès de mélancolie les symptômes d'un dérèglement physiologique qui pourrait le conduire à la folie. Il se complaît dans le chagrin, la colère, et va au-devant des désagréments : il refuse de faire les démarches qui lui permettraient de gagner son procès (acte I, scène 1), il assiste délibérément à une conversation de salon alors qu'il réprouve cette activité (acte II, scène 4). L'idéal de sincérité lui-même est un signe d'étrangeté et de folie si l'on se replace dans le contexte de l'époque. Respecter les bienséances et se plier à toutes sortes de cérémonies est une condition essentielle pour se faire une place dans la société de cour. Finalement Alceste apparaît en conflit aussi bien avec son temps qu'avec l'humanité en général comme le suggère bien cette remarque de Philinte (v. 153-154) :

> « Cette grande raideur des vertus des vieux âges
> Heurte trop notre siècle et les communs usages. »

Homme de haut rang dont les mérites sont reconnus, il est en guerre contre la cour et décline les occasions qu'Oronte et Arsinoé lui offrent. Derrière l'obstination du misanthrope s'affirme un sentiment de l'honneur qui éloigne le personnage du ridicule. La sensibilité d'Éliante à la distinction aristocratique d'Alceste (v. 1165-1667) en témoigne.

Alceste est ainsi un personnage complexe tout à la fois passionné par la vertu et dévoré par l'amour-propre, tout à la fois tyrannique et désarmé (acte III, scène 4). Il a suscité des interprétations contradictoires : les contemporains de la pièce l'ont vu comme un jaloux moralisateur et ridicule, les romantiques comme un révolté sublime.

Célimène

Célimène est une jeune veuve. À la différence des héroïnes traditionnelles de la comédie, elle est à la fois jeune et libre (elle n'est pas sous la tutelle d'un mari ou d'un père). La présentation qu'en fait Philinte à la scène 1 de l'acte I est éclairante (v. 218-220) :

> « Tandis qu'en ses lieux Célimène l'amuse,
> De qui l'humeur coquette et l'esprit médisant
> Semblent si fort donner dans les mœurs d'à présent. »

Célimène, coquette médisante, incarne tout à la fois les défauts et les grâces de la société mondaine. Elle affiche elle-même son goût du monde (v. 1769-1770) :

> « Moi, renoncer au monde avant que de vieillir
> Et dans votre désert aller m'ensevelir ! »

Célimène aime s'attirer les hommages galants en se montrant spirituelle et enjouée (acte II, scène 4). Elle ménage aussi ses amants par intérêt politique (acte II, scène 2). Molière n'a donné que de minces indications sur son apparence physique : Alceste (v. 233) puis Acaste (v. 697) mentionnent sa « *grâce* ». Mais le grand nombre de ses soupirants témoigne de son prestige et de son pouvoir de séduction. Célimène est une maîtresse de maison accomplie, dotée du sens des bienséances et d'une ferme autorité. Avant tout animée par le désir de plaire et de séduire, elle se refuse à déclarer sa préférence et à choisir entre ses amants. Elle vit les relations amoureuses comme un jeu (acte V, scène 4, et propos de Philinte cités ci-dessus). En même temps qu'elle écrit aux marquis, elle suscite et alimente les espérances d'Alceste.

Philinte

Philinte, en dépit de son statut secondaire (il est l'ami du personnage principal, Alceste) et de sa discrétion (il s'exprime bien moins qu'Alceste et Célimène et se trouve à l'arrière-plan des grandes scènes), est un personnage important dans *Le Misanthrope*. De manière significative, c'est sur lui que s'ouvre et se clôt la comédie. C'est en effet sur lui que repose, à travers ses entretiens avec Alceste, la dimension philosophique et morale de la pièce. Face à Oronte et aux marquis qui jouent aveuglément le jeu de la vie mondaine, il incarne la lucidité. Mais à la différence d'Alceste, il réagit aux défauts de l'époque par la modestie et l'indulgence (v. 65-66) :

« Mais quand on est du monde, il faut bien que l'on rende
Quelques dehors civils que l'usage demande. »

Philinte se comporte en « *honnête homme* » en se pliant aux règles de la civilité mondaine, sans toutefois verser dans l'hypocrisie. Il est l'homme de la mesure (v. 151-152) :

« La parfaite raison fuit toute extrémité
Et veut que l'on soit sage avec sobriété. »

La bienveillance de Philinte envers ses contemporains trouve une illustration concrète dans la générosité dont il fait preuve envers Alceste. Homme sociable par excellence, il essuie avec patience les colères et les blâmes de son ami et fait surtout passer cette amitié avant son amour pour Éliante.

Tenu par certains critiques comme le porte-parole de Molière, le personnage de Philinte a longtemps été considéré, par exemple par Rousseau *(Lettre à d'Alembert)*, comme une incarnation de la médiocrité.

Les personnages secondaires

Les personnages principaux ont une personnalité ambiguë et nuancée : Alceste oscille entre vertu et amour-propre ; Célimène entre cynisme et légèreté ; Philinte entre raison et lâcheté. Au contraire, la psychologie des personnages secondaires est relativement sommaire.

Éliante

Elle représente la jeune femme sincère mais néanmoins respectueuse des usages mondains. Si elle a une utilité dramatique dans le cadre de l'intrigue amoureuse secondaire, elle sert surtout de faire-valoir aux deux autres personnages féminins de la pièce dont elle fait ressortir l'originalité. Entre la fausse prude et la coquette, elle incarne la femme de bonne compagnie, discrète et irréprochable.

Arsinoé

Elle est au contraire dotée d'un certain relief. Version féminine de Tartuffe, virtuose du double langage et de la dissimulation, elle est une intrigante talentueuse et inquiétante (acte III, scènes 4 et 5). Coquette sur le déclin, dissimulant sous le masque de la pruderie sa quête d'amants (v. 1131-1132), elle prête à rire. On notera qu'elle ne joue finalement aucun rôle décisif dans l'action. Ce n'est pas sa tentative de vengeance qui aboutit au dénouement. Elle n'est à l'acte V qu'une spectatrice passive de la défaite de Célimène. Ainsi elle a surtout pour fonction, en incarnant une version extrême de l'hypocrisie sociale, de rendre Célimène moins coupable aux yeux du spectateur.

Oronte, Acaste et Clitandre

Ce sont d'abord les représentants d'un groupe social : les courtisans. Tous trois exhibent leur distinction aristocratique et leurs talents mondains. Ils sont des êtres d'apparence et d'amour-propre, assoiffés de reconnaissance et de gratifications. Ils sont pourtant individualisés. Les marquis (Molière les présente comme interchangeables et en tire des effets comiques) sont proches de la caricature. Réduits à l'élégance de l'habit et des manières et au privilège de fréquenter le roi, ils sont des marionnettes de cour. Oronte offre une version plus nuancée du courtisan. Il s'adonne, pour suivre la mode et contenter son orgueil, à la poésie galante et il est un flatteur accompli. Mais Alceste le reconnaît néanmoins comme étant « *honnête homme* » doté de « *mérite* » et de « *cœur* » (v. 1144-1147). Ces courtisans, en qualité d'amants de Célimène, jouent dans la pièce le rôle de « fâcheux » qui contrecarrent le dessein d'Alceste. C'est aussi sur eux que repose en partie le tableau de la vie mondaine qu'offre *Le Misanthrope*.

*Dominique Constanza (Éliante), Georges Descrières (Alceste),
Guy Michel (Acaste), Michel Duchaussoy (Philinte).
Mise en scène de Pierre Dux, Comédie-Française, 1977.*

Le comique dans *Le Misanthrope*

On trouve dans *Le Misanthrope* différentes sources de comique. Le comique de caractère prédomine, centré autour de la figure d'Alceste (ses bouderies, ses éclats de mauvaise humeur, ses extravagances). Il s'agit aussi d'une comédie de mœurs, c'est pourquoi il y a du comique satirique : la peinture des défauts entraîne le rire, à la fois du spectateur et des autres personnages, comme le montrent les rires que suscite le portrait d'Alceste par Célimène (acte II, scène 4), ou le portrait de Clitandre par Alceste (acte II, scène 1). Mais on trouve également un comique peut-être moins raffiné, avec le personnage de Du Bois, tout droit venu de la farce (acte IV, scène 4). Le comique de Molière semble donc très varié dans *Le Misanthrope*. Pourquoi alors a-t-on pu dire de cette pièce qu'elle avait des accents tragiques ?

Les procédés comiques

Molière utilise différents procédés comiques dans *Le Misanthrope* :
– le comique de contraste, surtout entre les personnages (Alceste et Oronte, Alceste et Philinte) ;
– le comique de répétition, avec l'expression d'Alceste : « *Je ne dis pas cela* (...) » (acte I, scène 2) ;
– le comique de situation (la scène de l'amant trompé, lorsque Alceste, caché, entend les paroles qu'échangent Célimène et Oronte, acte IV, scène 3) ;
– le comique de renversement : Célimène est particulièrement habile pour renverser la situation en sa faveur (acte I, scène 2, ou acte III, scène 4) ;
– la parodie littéraire avec le sonnet dans le style précieux (acte I, scène 2).
Enfin, on a beaucoup de comique de langage :
– les jeux de mots (jeu de mots sur « *pendre* » aux v. 28-29) ;

– l'ironie par antiphrase (v. 919) ;
– les hyperboles, qui constituent un comique d'exagération (les éloges d'Oronte acte I, scène 2) ;
– le comique lié au langage indirect ou à double sens : un personnage en critique un autre en se servant d'une tierce personne imaginaire, cible ou source de la critique (critique du sonnet d'Oronte par Alceste, échange de « *politesses* » entre Arsinoé et Célimène).

Une répartition des scènes comiques

Chaque acte comporte une grande scène comique, de nature différente à chaque fois. Dans la scène 2 de l'acte I, le comique repose sur la confrontation d'Oronte et d'Alceste. Dans l'acte II, c'est la scène 4, dite des portraits, qui comporte le plus de passages comiques, avec la virtuosité langagière de Célimène. La scène 4 de l'acte III est un bon exemple d'ironie. Dans la scène 4 de l'acte IV, on l'a dit, c'est du comique de farce. Mais dans le dernier acte, il ne semble pas y avoir de grande scène comique, ce qui provoque peut-être ce sentiment un peu mélancolique du spectateur à la fin de la pièce. Il n'y a pas de détente, comme pour l'acte IV, qui vient relâcher la tension dramatique. C'est en ce sens que l'on a dit que *Le Misanthrope* avait des accents pathétiques.

Une comédie qui touche à la tragédie ?

Certaines interprétations du *Misanthrope* en font une tragédie (c'est le cas de celle de Goethe). La fin est en effet pessimiste, il n'y a pas de mariage entre Alceste et Célimène qui mettrait un terme aux tensions de la pièce. Et le mariage entre Philinte et Éliante en est un substitut non dénué d'ironie. De plus, on peut voir dans Alceste un mélancolique, et non un extravagant (voir dans les « Jugements » l'interprétation romantique), même si cette lecture ne correspond pas à celle que l'on faisait du temps de Molière.
Cependant, il faut noter que, malgré les intonations pathétiques de la douleur d'Alceste (acte V, scène 1), le spectateur ne craint jamais pour sa vie : la pitié qu'il peut éprouver n'est pas de

même nature que celle qu'il ressent à la représentation d'une tragédie. Le désespoir d'Alceste ressemble plus à une bouderie. Jamais la douleur d'Alceste ne résonne des accents qu'a celle d'Atalide à la fin du *Bajazet* de Racine. Tout au plus peut-on dire que *Le Misanthrope* de Molière a inspiré certains dramaturges des siècles suivants pour la composition de leurs drames.

Correspondances

• *Tartuffe* (acte III, scène 3, v. 933-1000).
• *Les Fourberies de Scapin* (acte III, scène 2, de « Cachez-vous, voici un spadassin » jusqu'à la fin).
• *Dom Juan* (acte III, scène 1, de « je veux savoir un peu » jusqu'à « le nez-cassé »).

Un monde envahi par la procédure

Alors que ce n'est pas le sujet principal du *Misanthrope*, il y a plusieurs procès dans la pièce. Tout d'abord, celui d'Alceste avec celui qu'il nomme un « *franc scélérat* » (v. 124). Cette affaire revient au centre de l'intrigue à la fin de l'acte IV, quand l'arrivée de Du Bois laisse présager une catastrophe. Et en effet, comme nous l'apprend Alceste au début de l'acte suivant, il a perdu son procès (v. 1481-1569). De plus, Alceste risque d'avoir un autre procès, avec Oronte cette fois, à cause du sonnet qu'il a critiqué. À la fin de l'acte II, les maréchaux interviennent, mais heureusement, comme le raconte Philinte à la scène 1 de l'acte IV, l'affaire s'est terminée à l'amiable. Enfin, on apprend de Célimène qu'elle aussi mène un procès (v. 491), dont on ne saura rien de plus.

Une peinture réaliste de la noblesse

Pourquoi tous ces procès ? Les avocats, les personnes atteintes de la manie de plaider, font certes partie des cibles privilégiées des auteurs comiques. Mais cette invasion de la procédure dans la vie quotidienne est aussi un trait caractéristique d'une classe sociale, la noblesse. C'est en effet son seul recours pour agrandir ses biens, puisqu'elle ne pratique pas d'activité économique : sa seule richesse provient des héritages. Ainsi, l'allusion de la scène 1 de l'acte I (Philinte dit à Alceste d'aller solliciter les magistrats) est familière au public de l'époque, ce qui n'est pas le cas aujourd'hui.

Un fil de l'intrigue : accusateurs, accusés et juges

De plus, un des ressorts dramatiques de la pièce repose sur les preuves que les amants de Célimène cherchent à trouver pour s'assurer de ses sentiments, chacun croyant être l'élu de son cœur, mais voulant s'en assurer. Célimène fait d'abord figure de juge. Non seulement elle est libre de choisir entre ses amants celui qui est le plus agréable à ses yeux, mais elle s'érige juge de la société tout entière : à la scène 4 de l'acte II, elle dénigre de nombreuses personnes, aucune ne trouvant grâce à ses yeux. Cependant, peu à peu, elle se trouve en position d'accusée. Certes, elle était déjà accusée occasionnellement, en particulier par Alceste et Arsinoé, mais les débats tournaient toujours en sa faveur. Les scènes 2 et 3 de l'acte V marquent en revanche un revirement. Alceste et Oronte la poussent à faire un choix, auquel elle veut se dérober en prenant Éliante comme juge. Mais Éliante s'y refuse, et garde en quelque sorte le rôle de spectateur passif qu'elle occupait jusque-là. Enfin, dans la dernière scène, Célimène est dénoncée publiquement par les marquis sur la lecture de ses lettres qui tiennent lieu de preuves écrites.

La métaphore judiciaire

Enfin, la procédure envahit même le langage. On peut en effet rencontrer d'incessantes allusions au monde judiciaire, qui sert de métaphore dans de nombreuses situations, comme le montre une étude du champ lexical. On peut relever le vocabulaire de la peine (v. 29-32 : « *pendable* », « *arrêt* »), celui du jugement (v. 461 : « *coupable* », v. 890-908 : « *parti* », « *défendre* »,

« *caution* », « *crime* », v. 1387 : « *innocent* »). De même, l'expression « *lâcher la balance* » (v. 1665) n'est pas seulement une métaphore du choix que doit faire Célimène entre Oronte et Alceste, c'est aussi une image de la balance de la Justice.

Correspondances

• Les plaideurs, les procès, le monde des magistrats ont fait l'objet de nombreuses satires. Une comédie contemporaine de celles de Molière, *Les Plaideurs* (1668), de Racine, est une pièce consacrée à l'univers judiciaire. Beaumarchais, un siècle plus tard, dans *Le Mariage de Figaro* (1781), campe un personnage ridicule de juge : Brid'oison. Le moraliste La Bruyère a également placé dans ses *Caractères* (1694) le portrait d'un plaideur.

—1————————————————

« Chicanneau :   Voici le fait. Depuis quinze ou vingt ans en çà,
                Au travers d'un mien pré certain ânon passa,
                S'y vautra, non sans faire un notable dommage,
                Dont je formai ma plainte au juge du village.
                Je fais saisir l'ânon. Un expert est nommé,
                À deux bottes de foin, le dégât estimé.
                Enfin, au bout d'un an, sentence par laquelle
                Nous sommes renvoyés hors de cour. J'en appelle.
                Pendant qu'à l'audience on poursuit un arrêt,
                Remarquez bien ceci, Madame, s'il vous plaît,
                Notre ami Drolichon, qui n'est pas une bête,
                Obtient pour quelque argent un arrêt sur requête,
                Et je gagne ma cause. À cela que fait-on ?
                Mon chicaneur s'oppose à l'exécution.
                Autre incident : tandis qu'au procès on travaille,
                Ma partie en mon pré laisse aller sa volaille.
                Ordonné qu'il sera fait rapport à la cour
                Du foin que peut manger une poule en ce jour.
                Le tout joint au procès enfin, et toute chose
                Demeurant en état, on appointe la cause

Le cinquième ou sixième avril cinquante-six.
J'écris sur nouveaux frais. Je produis, je fournis
De dits, de contredits, enquêtes, compulsoires,
Rapports d'experts, transports, trois interlocutoires,
Griefs et faits nouveaux, baux et procès-verbaux.
J'obtiens lettres royaux, et je m'inscris en faux.
Quatorze appointements, trente exploits, six instances,
Six-vingts productions, vingt arrêts de défenses,
Arrêt enfin. Je pers ma cause avec dépens,
Estimé environ cinq à six mille francs.
Est-ce là faire droit ? Est-ce là comme on juge ?
Après quinze ou vingt ans ! Il me reste un refuge :
La requête civile est ouverte pour moi,
Je ne suis pas rendu. Mais vous, comme je voi,
Vous plaidez.

La Comtesse :   Plût à Dieu !

Chicanneau :   J'y brûlerai mes livres.

La Comtesse : Je...

Chicanneau :   Deux bottes de foin cinq à six mille livres !

La Comtesse : Monsieur, tous mes procès allaient être finis ;
Il ne m'en restait plus que quatre ou cinq petits :
L'un contre mon mari, l'autre contre mon père,
Et contre mes enfants. Ah ! Monsieur, la misère !
Je ne sais quel biais ils ont imaginé,
Ni tout ce qu'ils ont fait ; mais on leur a donné
Un arrêt par lequel, moi vêtue et nourrie,
On me défend, Monsieur, de plaider de ma vie.

Chicanneau : De plaider !

La Comtesse :   De plaider.

Chicanneau :   Certes, le trait est noir.
J'en suis surpris.

La Comtesse :   Monsieur, j'en suis au désespoir.

Chicanneau : Comment, lier les mains aux gens de votre sorte ?
Mais cette pension, Madame, est-elle forte ?

La Comtesse : Je n'en vivrais, Monsieur, que trop honnêtement.
Mais vivre sans plaider, est-ce contentement ?

Chicanneau : Des chicaneurs viendront nous manger jusqu'à
                                        [l'âme,

173

Et nous ne dirons mot ? Mais, s'il vous plaît, Madame,
Depuis quand plaidez-vous ?

La Comtesse : Il ne m'en souvient pas ;
Depuis trente ans, au plus.

Chicanneau : Ce n'est pas trop.

La Comtesse : Hélas !

Chicanneau : Et quel âge avez-vous ? Vous avez bon visage.

La Comtesse : Hé ! quelque soixante ans.

Chicanneau : Comment ! c'est le bel âge
Pour plaider. »

Racine, *Les Plaideurs*, acte I, scène 7.

2

« **Marceline,** *à Brid'oison* : Monsieur, écoutez mon affaire.

Brid'oison, *en robe, et bégayant un peu* :
Eh bien ! pa-arlons-en verbalement.

Bartholo : C'est une promesse de mariage.

Marceline : Accompagnée d'un prêt d'argent.

Brid'oison : J'en-entends, et cætera, le reste.

Marceline : Non, monsieur, point d'*et cætera*.

Brid'oison : J'en-entends : vous avez la somme ?

Marceline : Non, monsieur ; c'et moi qui l'ai prêtée.

Brid'oison : J'en-entends bien, vou-ous redemandez l'argent ?

Marceline : Non, monsieur ; je demande qu'il m'épouse.

Brid'oison : Eh ! mais, j'en-entends fort bien ; et lui veu-eut-il vous
épouser ?

Marceline : Non, monsieur ; voilà tout le procès !

Brid'oison : Croyez-vous que je ne l'en-entende pas, le procès ?

Marceline : Non, monsieur. *(À Bartholo)* Où sommes-nous ?
(À Brid'oison). Quoi ! C'est vous qui nous jugerez ?

Brid'oison : Est-ce que j'ai a-acheté ma charge pour autre chose ?

Marceline, *en soupirant* : C'est un grand abus que de les vendre !

Brid'oison : Oui ; l'on-on ferait mieux de nous les donner pour
rien. Contre qui plai-aidez-vous ? »

Beaumarchais, *Le Mariage de Figaro*, acte III, scène 12.

3

« *Antagoras* a un visage trivial et populaire : un suisse de paroisse ou le saint de pierre qui orne le grand autel n'est pas mieux connu que lui de toute la multitude. Il parcourt le matin toutes les chambres et tous les greffes d'un parlement, et le soir les rues et les carrefours d'une ville ; il plaide depuis quarante ans, plus proche de sortir de la vie que de sortir d'affaires. Il n'y a point eu au Palais depuis tout ce temps de causes célèbres ou de procédures longues et embrouillées où il n'ait du moins intervenu : aussi a-t-il un nom fait pour remplir la bouche de l'avocat, et qui s'accorde avec le demandeur ou le défendeur comme le substantif et l'adjectif. Parent de tous et haï de tous, il n'y a guère de familles dont il ne se plaigne, et qui ne se plaignent de lui. Appliqué successivement à saisir une terre, à s'opposer au sceau, à se servir d'un *committimus*, ou à mettre un arrêt à exécution, outre qu'il assiste chaque jour à quelques assemblées de créanciers ; partout syndic de directions, et perdant à toutes les banqueroutes, il a des heures de reste pour ses visites : vieil meuble de ruelle, où il parle procès et dit des nouvelles. Vous l'avez laissé dans une maison au Marais, vous le retrouverez au grand Faubourg, où il vous a prévenu, et où déjà il redit ses nouvelles et son procès. Si vous plaidez vous-même, et que vous alliez le lendemain à la pointe du jour chez l'un de vos juges pour le solliciter, le juge attend pour vous donner audience qu'Antagoras soit expédié. »

La Bruyère, *Les Caractères*, « De l'homme », VIII, 125.

La critique des mœurs

La peinture de la société contemporaine est un sujet privilégié de la littérature du XVIIe siècle. La Fontaine, La Bruyère, Saint-Simon par exemple, ont présenté dans des genres littéraires variés (fables, portraits, mémoires) un tableau satirique de la société de cour. La comédie du *Misanthrope* est centrée sur l'exploration d'un caractère. Mais loin de s'épuiser dans une étude psychologique, elle resitue le personnage d'Alceste dans le contexte de la société mondaine et donne à voir divers aspects de cette société. Quelles sont les ressources propres au genre dramatique dans ce registre de la critique sociale ?

Représentations de la société au théâtre

Le premier élément sur lequel repose dans *Le Misanthrope* la critique des mœurs est le lieu de l'action. Le salon de Célimène est le lieu mondain par excellence. Il fonctionne comme un miroir de la société de cour. Célimène accueille des membres de l'élite de la société du XVIIe siècle. À travers l'échantillon des visiteurs de ce salon, Molière dépeint les représentants de divers groupes sociaux : gentilshommes poètes (Oronte), marquis qui ont les faveurs du roi (Acaste et Clitandre), femmes de haute vertu proches du parti dévot (Arsinoé). Tous ces personnages sont des courtisans au sens premier du terme. Ils appartiennent au milieu social de la noblesse de cour. Ces propos d'Oronte montrent que le prestige du courtisan se mesure à la nature et à l'intensité des relations qu'il entretient avec le roi, figure centrale de la société du XVIIe siècle (v. 289-290) :

> « S'il faut faire à la cour pour vous quelque ouverture,
> On sait qu'auprès du roi je fais quelque figure. »

De même, la préoccupation essentielle des marquis est de paraître à la cour lors du lever et du coucher du roi. Le salon de Célimène en tant que lieu public est un espace d'observation privilégié des rôles sociaux. Chaque visiteur y met en scène son rang et son prestige. Arsinoé par exemple (acte III, scène 5) affiche les relations qu'elle entretient avec des « gens de vertu singulière ». À travers les rencontres individuelles, Molière suggère les rivalités sociales qui opposent des fractions de la population des courtisans. Ainsi, à travers le face-à-face entre Célimène et Arsinoé se dessine le conflit qui oppose le parti dévot à ceux qui sont partisans d'une liberté plus grande des mœurs.

Molière donne aussi de la profondeur et de l'épaisseur au tableau, en introduisant par l'intermédiaire des portraits d'autres silhouettes de courtisans. La scène 4 de l'acte II fait surgir des figures caractérisées (Timante, Géralde, Bélise, etc.). Mais ce procédé est également mis en œuvre dès la scène 1 de l'acte I où Philinte brosse le portrait de Dorilas et d'Émilie, et Alceste celui du traître avec lequel il est en procès. Le procédé des portraits offre la possibilité d'élargir et de diversifier le regard porté sur la société mondaine.

À partir de ces ressources dramatiques, le dramaturge met en scène la vie mondaine : divertissements spirituels (jeu des portraits, goût de l'esprit et des échanges épistolaires...), intense sociabilité dans les salons, relations entre les sexes régies par divers codes (galanterie, préciosité...), ficelles de l'art de plaire. La comédie du *Misanthrope* expose les mœurs policées de la cour tout en révélant les rapports de force et les conflits d'intérêts qui les sous-tendent.

Vers une critique des mœurs généralisée

Molière ne prend pas en charge lui-même la critique des mœurs mais la délègue à des personnages. La critique des mœurs n'est pas décelable dans l'ironie du ton ou dans les effets satiriques mais elle est explicite. Elle devient elle-même un spectacle. L'originalité de Molière dans *Le Misanthrope* est d'avoir incarné la critique des mœurs non seulement dans le personnage d'Alceste mais aussi dans celui de Célimène.

Alceste dénonce les mœurs corrompues de son époque et l'hypocrisie des relations sociales. Célimène, coquette médisante, dénonce elle aussi dans ses portraits (acte II, scène 4) ou ses billets (acte V, scène 4) les travers de ses contemporains qui cherchent tous à satisfaire sous couvert de civilités leur intérêt privé et leur amour-propre. Alceste et Célimène, chacun à sa manière, dévoilent sous la politesse et le raffinement des relations sociales le violent affrontement des ambitions individuelles (v. 1522-1523) :

> « Tirons-nous de ce bois et de ce coupe-gorge.
> Puisqu'entre humains ainsi vous vivez en vrais loups, »

Ces propos d'Alceste trouvent tout au long de la pièce des illustrations concrètes. Citons la brigue menée contre Alceste dans le cadre de son procès, l'affrontement d'Alceste avec Oronte puis avec les marquis, ou encore la confrontation violente des deux « amies » (acte III, scène 4) qui se prolonge dans l'intrigue que mène Arsinoé pour briser le couple Alceste-Célimène. La dénonciation de la société de cour dans Le Misanthrope a d'autant plus de poids que les deux personnages qui la portent sont eux-mêmes dénoncés. Célimène suggère dans son portrait d'Alceste (v. 669-680) que le défenseur de la sincérité et de la rigueur morale est animé autant que les autres par l'amour-propre. Et elle se trouve elle-même dénoncée et démasquée dans la scène 4 de l'acte V. La comédie de Molière met ainsi en œuvre une dénonciation généralisée de l'hypocrisie sociale qui est au fondement de la société de cour.

Correspondances

La cour est un sujet de prédilection de la littérature de l'Ancien Régime. En confrontant une fable (La Fontaine), un récit (La Bruyère) et un poème (Du Bellay), on peut observer quels moyens emprunte la satire selon les différents genres littéraires utilisés.

• La Fontaine, *Fables* VIII, 1678 : « Les obsèques de la Lionne » (14).
• La Bruyère, *Les Caractères* VIII, 1688 : « De la cour » (74).
• Du Bellay, *Les Regrets*, 1558 : sonnet LXXXVI.

–1–

Les obsèques de la Lionne

«   La femme du lion mourut ;
    Aussitôt chacun accourut
    Pour s'acquitter envers le prince
De certains compliments de consolations,
    Qui sont surcroît d'affliction.
    Il fit avertir sa province
Que les obsèques se feraient
Un tel jour, en tel lieu ; ses prévôts y seraient
    Pour régler la cérémonie,
    Et pour placer la compagnie.
    Jugez si chacun s'y trouva.
    Le prince aux cris s'abandonna,
    Et tout son antre en résonna :
    Les lions n'ont point d'autre temple.
    On entendit, à son exemple,
Rugir en leurs patois messieurs les courtisans.

Je définis la cour un pays où les gens,
Tristes, gais, prêts à tout, à tout indifférents,
Sont ce qu'il plaît au prince, ou, s'ils ne peuvent l'être,
    Tâchent au moins de le paraître :
Peuple caméléon, peuple singe du maître ;
On dirait qu'un esprit anime mille corps :
C'est bien là que les gens sont de simples ressorts.

    Pour revenir à notre affaire,
Le cerf ne pleura point ; comment eût-il pu faire ?
Cette mort le vengeait : la reine avait jadis
    Étranglé sa femme et son fils.
Bref, il ne pleura point. Un flatteur l'alla dire,

Et soutint qu'il l'avait vu rire.
La colère du roi, comme dit Salomon,
Est terrible, et surtout celle du roi lion ;
Mais ce cerf n'avait pas accoutumé de lire.
Le monarque lui dit : " Chétif hôte des bois,
Tu ris ! tu ne suis pas ces gémissantes voix !
Nous n'appliquerons point sur tes membres profanes
    Nos sacrés ongles ! Venez, loups,
    Vengez la reine ; immolez tous
    Ce traître à ses augustes mânes. "
Le cerf reprit alors : " Sire, le temps de pleurs
Est passé ; la douleur ici est superflue.
Votre digne moitié, couchée entre des fleurs,
    Tout près d'ici m'est apparue,
    Et je l'ai d'abord reconnue.
" Ami, m'a-t-elle dit, garde que ce convoi,
" Quand je vais chez les dieux, ne t'oblige à des larmes.
" Aux champs élysiens j'ai goûté mille charmes,
" Conversant avec ceux qui sont saints comme moi.
" Laisse agir quelque temps le désespoir du roi.
" J'y prends plaisir. " À peine on eut ouï la chose,
Qu'on se mit à crier : " Miracle ! Apothéose ! "
Le cerf eut un présent, bien loin d'être puni.

    Amusez les rois par des songes,
Flattez-les, payez-les d'agréables mensonges :
Quelque indignation dont leur cœur soit rempli,
Ils goberont l'appât ; vous serez leur ami. »

        La Fontaine, *Fables* VIII, « Les obsèques de la Lionne ».

2

« L'on parle d'une région où les vieillards sont galans, polis et civils ; les jeunes gens au contraire, durs, feroces, sans mœurs ni politesse... Celuy-là chez eux est sobre et modéré, qui ne s'enyvre que de vin : l'usage trop fréquent qu'ils en ont fait le leur a rendu insipide ; ils cherchent à réveiller leur goût déjà éteint par des eaux de vie et par toutes les liqueurs les plus violentes ; il ne manque à leur débauche que de boire de l'eau forte. Les femmes du païs précipitent le déclin de leur beauté par des artifices qu'elles croient servir à les rendre belles : leur coûtume est de peindre leurs lèvres, leurs jouës, leurs sourcils et leurs épaules, qu'elles étallent avec leur gorge, leurs bras et leurs oreilles, comme si elles craignoient de cacher l'endroit par où elles pourroient plaire, ou de ne pas se montrer assez. Ceux qui habitent cette contrée ont une phisionomie qui n'est pas nette, mais confuse, embarrassée dans une épaisseur de cheveux étrangers qu'ils préfèrent aux naturels et dont ils font un long tissu pour couvrir leur teste ; il descend à la moitié du corps, change les traits, et empêche qu'on ne connoisse les hommes à leur visage. Ces peuples d'ailleurs ont leur Dieu et leur Roy. Les Grands de la nation s'assemblent tous les jours, à une certaine heure, dans un Temple qu'ils nomment Église ; il y a au fond de ce Temple un Autel consacré à leur Dieu, où un Prestre célèbre des mysteres qu'ils appellent saints, sacrez et redoutables ; les Grands forment un vaste cercle au pied de cet Autel, et paroissent debout, le dos tourné directement aux Prestres et aux saints mysteres, et les faces élevées vers leur Roy, que l'on voit à genoux sur une tribune, et à qui ils semblent avoir tout l'esprit et tout le cœur appliqué. On ne laisse pas de voir dans cet usage une espece de subordination, car ce peuple paroît adorer le Prince, et le Prince adorer Dieu. Les gens du pays le nomment *** ; il est à quelques quarante-huit degrez d'élévation du pôle, et à plus d'onze cents lieuës de Mer des Iroquois et des Hurons. »

La Bruyère, *Les Caractères*, « De la cour », VIII.

—3—

« Marcher d'un grave pas, et d'un grave souci,
Et d'un grave soubriz à chacun faire feste,
Balancer tous ces mots, respondre de la teste,
Avec un Messer non, ou bien un Messer si :

Entremesler souvent un petit Et cosi
Et d'un Son Servitor contrefaire l'honneste,
Et comme si lon eust sa part en la conqueste,
Discourir sur Florence, et sur Naples aussi :

Seigneuriser chacun d'in baisement de main,
Et suivant la façon du courtisan Romain,
Cacher sa pauvreté d'une brave apparence :

Voilà de ceste court la plus grande vertu,
Dont souvent mal monté, mal sain, et mal vestu,
Sans barbe et sans argent on s'en retourne en France. »

Du Bellay, *Les Regrets*, sonnet LXXXVI.

Morale et société

Le Misanthrope est une comédie sérieuse qui prête autant à la réflexion qu'au rire. La scène d'ouverture introduit à travers le dialogue entre Alceste et Philinte les données d'une réflexion sur la vie en société que l'on peut résumer d'une question : les apparences sont-elles au nombre de nos devoirs ? Chacun des personnages propose à travers ses discours et ses manières d'être une réponse à cette question.

Alceste ou la morale de la sincérité absolue

Alceste affiche d'entrée de jeu sa morale (v. 35-36) :

> « Je veux qu'on soit sincère, et qu'en homme d'honneur
> On ne lâche aucun mot qui ne parte du cœur. »

À ses yeux, l'exigence de sincérité l'emporte sur les bienséances qui régissent d'ordinaire les rapports humains. Dans la scène 2 de l'acte I, alors que Philinte par politesse complimente Oronte, Alceste applique sa morale intransigeante et déclare brutalement au gentilhomme poète que son sonnet est « *bon à mettre au cabinet* » (v. 376). Il se méfie des apparences et des sous-entendus et entend obtenir de Célimène un aveu franc et sincère (acte II, scène 1). Il interrompt par ses réprobations une conversation enjouée et passe pour un malotru en proie à la folie (acte II, scène 4). Sa franchise ne lui attire que des déboires. Elle le met en opposition radicale avec la cour et ses usages (voir v. 1081-1098). Déclarant son amour en toute franchise à Célimène (voir en particulier v. 1422-1432), il passe pour un extravagant ignorant l'art d'aimer et les civilités galantes. Le refus des marques de politesse ou des témoignages de bienveillance comme étant des faux-semblants trompeurs, superficiels, conduit Alceste à s'exclure de la société des hommes. L'idéal de sincérité et de révolte contre l'ordre social, quand bien même il suscite la sympathie du spectateur, apparaît ainsi irréalisable.

Les courtisans ou le métier des apparences

Plaire (le portrait de Clitandre par Alceste, v. 475-488), paraître au lever ou au coucher du roi, dans les hauts lieux de la cour (au théâtre, dans les salons…), dissimuler ses intentions (les manières d'engager la conversation que mettent en œuvre Oronte à la scène 2 de l'acte I et Arsinoé à la scène 4 de l'acte III) : tels sont les devoirs du courtisan. À travers les personnages d'Oronte, Acaste, de Clitandre et d'Arsinoé se dessine une morale cynique de la vie en société. Les apparences ne sont plus ici simples politesses mais mensonges et feintes en tout genre. À travers l'hypocrisie maniée comme une arme dans les luttes d'intérêts et dans la conquête d'une position sociale élevée, Molière met en évidence la fragilité du contrat qui est au fondement de la société de cour. Entre l'absolu du paraître et l'absolu de la sincérité, existe-t-il une morale intermédiaire ?

Philinte et Éliante, ou la morale des honnêtes gens

Philinte refuse l'exigence de sincérité absolue (v. 75-76) et le moralisme d'Alceste au nom du conformisme et des bienséances (v. 156-158) :

> « Il faut fléchir au temps sans obstination,
> Et c'est une folie à nulle autre seconde
> De vouloir se mêler de corriger le monde. »

Philinte reconnaît lucidement les défauts des hommes mais prône la tolérance et le respect des usages en vigueur : la politesse et les civilités sont la condition essentielle de l'harmonie des relations sociales. Éliante le rejoint dans cette conception modérée et raisonnable de la vertu. Si elle est favorable à la sincérité (son attitude face à la requête de Célimène à la scène 4 de l'acte V), elle souscrit en même temps à la nécessité de déguiser la vérité au nom de l'amour et des bienséances (v. 711-730).

Finalement, Éliante et Philinte incarnent une morale pragmatique selon laquelle toute prétention humaine doit s'effacer devant les faits et accepter l'ordre des choses. Il ne s'agit pas d'une morale tournée vers un idéal de la vertu, mais d'un ensemble de règles (souplesse, docilité, bienveillance) destinées à accompagner discrètement les relations sociales. Cette morale du juste milieu est proche de ce qu'on a théorisé au XVII⁰ siècle sous la notion d'honnêteté (*L'Honnête Homme, ou L'Art de plaire à la cour,* de Nicolas Faret, 1630 ; *Discours sur les agréments, l'esprit et la conversation*, du chevalier de Méré, 1677).

L'honnête homme cherche avant tout, par l'élégance de ses manières et son sens des bienséances, à se rendre agréable aux autres. Il s'adapte à ses différents interlocuteurs en vue de préserver la stabilité et l'harmonie de la société mondaine.

Correspondances

L'honnêteté est un idéal social du XVII⁰ siècle. Il est intéressant de confronter la définition de l'honnêteté qu'on trouve chez des théoriciens comme le chevalier de Méré et les illustrations pratiques qu'en donnent les grands moralistes de la fin du XVII⁰ siècle (La Bruyère, Saint-Simon).

• Chevalier de Méré (1607-1684), *De la vraie honnêteté* (œuvre posthume) : de « Je ne comprends rien sous le Ciel... » à « ... en beaucoup de rencontres ».

• Saint Simon, *Mémoires 1702-1705*, 1829-1830 : le portrait de Vauban (de « Vauban s'appelait… » jusqu'à « … n'est arrivé depuis »).
• La Bruyère, *Les Caractères*, XII, 1692 : « Des jugements », 55.

Dame de qualité à sa toilette
par Arnoult, graveur de mode à Paris au XVIIe siècle.

Les principales mises en scène

Après Molière, certains comédiens ont renouvelé son interprétation du rôle d'Alceste. Ces différentes interprétations
parfois totalement opposées, montrent l'extrême richesse d
cette œuvre.

Au XVIIIᵉ siècle, Baron fit d'Alceste un homme grave et emp
de dignité, tandis que François-René Molé, un peu plus tar
insista sur son caractère emporté (ainsi, il brise le siège su
lequel il est assis au cinquième vers).

L'année 1922 a vu naître deux interprétations différentes, cell
de Lucien Guitry, qui, suivant la tradition romantique, a insi
té sur la mélancolie et la souffrance du personnage d'Alcest
et celle de Jacques Copeau, plus équilibrée entre le comique
les accents dramatiques, plus ambiguë aussi (Copeau défini
sait la pièce comme une « tragédie qui fait rire »).

Depuis la fin des années 1970, de nombreuses mises en scèn
se sont succédé, très différentes les unes des autres. Aucun
ne prend cependant le parti d'un pur comique :

– En 1977, Jean-Pierre Vincent monta un *Misanthrope* trè
original. Les décors sont dépouillés, se réduisant à un sol d
marbre clair et à un fond vitré, les costumes sont discrets, le
mouvements des personnages très lents, afin de mettre e
valeur le vide qui les menace, et qui régnera effectivement
la fin de la pièce, la scène étant désertée. En 1984, Vincen
reprit la pièce, mais de façon moins audacieuse, avec Mich
Aumont dans le rôle d'Alceste.

– En 1985, Gérard Desarthe, dans une mise en scène d'André
Engel, incarne un Alceste ténébreux, renfermé et énigmatiqu

– En 1988, au théâtre de Chaillot, Vitez a donné d
Misanthrope une mise en scène que l'on a qualifiée de « rac
nienne ». Elle insistait en effet sur les aspects tragiques des pe

sonnages (Dominique Blanc jouait Célimène). Auparavant il avait monté la pièce, avec trois autres comédies de Molière, en 1978, au festival d'Avignon, davantage dans l'optique d'une leçon de théâtre, ou d'un exercice d'école, puisque les décors, les accessoires étaient les mêmes pour les quatre pièces.

– En 1989, Simon Eine, après avoir joué Philinte en 1984, fit une mise en scène sobre et nuancée de la pièce à la Comédie-Française.

– En 1990, on assista à deux interprétations très différentes, l'une presque mélodramatique, tellement elle était emportée et passionnée (Jacques Weber, avec Emmanuelle Béart dans le rôle de Célimène), l'autre plus sombre et plus étrange (Niels Arestrup, dans une mise en scène de Pierre Pradinas).

Jugements sur *Le Misanthrope*

Donneau de Visé a été le premier à écrire sur *Le Misanthrope*, dès la représentation de la pièce, en 1666. Son interprétation, qui montre qu'Alceste et Célimène sont en quelque sorte unis dans la critique générale des mœurs, a fait date.

Examinons donc les endroits par où il a plu, et voyons quelle a été la fin de son ouvrage. Il n'a point voulu faire une comédie pleine d'incidents, mais une pièce seulement où il pût parler contre les mœurs du siècle. C'est ce qui lui a fait prendre pour son héros un misanthrope ; et comme misanthrope veut dire ennemi des hommes, on doit demeurer d'accord qu'il ne pouvait choisir un personnage qui vraisemblablement pût mieux parler contre les hommes que leur ennemi. Ce choix est encore admirable pour le théâtre ; et les chagrins, les dépits, les bizarreries, et les emportements d'un misanthrope étant des choses qui font un grand jeu, ce caractère est un des plus brillants qu'on puisse produire sur la scène.

On n'a pas seulement remarqué l'adresse de l'auteur dans le choix de ce personnage, mais encore dans tous les autres ; et comme rien ne fait paraître davantage une chose que celle qui lui est opposée, on peut non seulement dire que l'ami du misanthrope, qui est un homme sage et

prudent, fait voir dans son jour le caractère de ce ridicule, mais en
re que l'humeur du misanthrope fait connaître la sagesse de son ar
Molière, n'étant pas de ceux qui ne font pas tout également bi
n'a pas été moins heureux dans le choix de ses autres caractèr
puisque la maîtresse du misanthrope est une jeune veuve, coquet
et tout à fait médisante. Il faut s'écrier ici, et admirer l'adresse de l'a
teur : ce n'est pas que le caractère ne soit assez ordinaire, et que p
sieurs n'eussent pu s'en servir ; mais l'on doit admirer que, dans
pièce où Molière veut parler contre les mœurs du siècle et n'éparg
personne, il nous fait voir une médisante avec un ennemi des homm
Je vous laisse à penser si ces deux personnes ne peuvent pas nature
ment parler contre toute la terre, puisque l'un hait les hommes, et
l'autre se plaît à en dire tout le mal qu'elle en sait. En vérité, l'adre
de cet auteur est admirable : ce sont là de ces choses que tout le mo
ne remarque pas, et qui sont faites avec beaucoup de jugement.
misanthrope seul n'aurait pu parler contre tous les hommes ; mais
trouvant le moyen de le faire aider d'une médisante, c'est avoir trou
en même temps, celui de mettre, dans une seule pièce, la dernière m
au portrait du siècle. Il y est tout entier, puisque nous voyons encore u
femme qui veut paraître prude opposée à une coquette, et des marq
qui représentent la cour : tellement qu'on peut assurer que, dans ce
comédie, l'on voit tout ce qu'on peut dire contre les mœurs du siècle

Donneau de Visé, *Lettre sur la comédie du Misanthrope*, 16

La Bruyère a dressé lui aussi un portrait du misanthrope da
ses *Caractères* (1690). Il a repris le nom du philosophe athéni
célèbre pour sa misanthropie, Timon (voir « Genèse »), m
il a surtout rédigé ce portrait vingt-quatre ans après la pié
de Molière, et l'on peut donc considérer que le misanthro
de La Bruyère est à comparer implicitement avec Alceste. C
aurait ainsi affaire à une critique déguisée, la conception de
misanthropie étant en tous points différente ici.

« *Timon*, ou le misanthrope, peut avoir l'âme austère et farouc
mais extérieurement il est civil et *cérémonieux* : il ne s'échappe p
il ne s'apprivoise pas avec les hommes : au contraire, il les tra

honnêtement et sérieusement ; il emploie à leur égard tout ce qui peut éloigner leur familiarité, il ne veut pas les mieux connaître ni s'en faire des amis, semblable en ce sens à une femme qui est en visite chez une autre femme. »

La Bruyère, *Les Caractères*, « De l'homme », 155.

Rousseau, dans sa *Lettre à d'Alembert* (1758), tout en admirant le talent de Molière, condamne sa vision du misanthrope, proche en cela de La Bruyère. Il lui reproche en effet d'avoir fait du défenseur de la vertu, Alceste, un extravagant, un malade. Philinte, au contraire, est vu par Rousseau comme un égoïste médiocre qui prône l'hypocrisie sociale. Cette interprétation de la pièce lance un débat qui continue encore aujourd'hui. Elle a en particulier nourri la continuation de la pièce de Molière par Fabre d'Églantine.

Vous ne sauriez me nier deux choses : l'une, qu'Alceste, dans cette pièce, est un homme droit, sincère, estimable, un véritable homme de bien ; l'autre, que l'auteur lui donne un personnage ridicule. C'en est assez, ce me semble, pour rendre Molière inexcusable. On pourrait dire qu'il a joué dans Alceste non la vertu, mais un véritable défaut, qui est la haine des hommes. À cela je réponds qu'il n'est pas vrai qu'il ait donné cette haine à son personnage : il ne faut pas que ce nom de misanthrope en impose, comme si celui qui le porte était un ennemi du genre humain. Une pareille haine ne serait pas un défaut, mais une dépravation de la nature et le plus grand de tous les vices. Le vrai misanthrope est un monstre. S'il pouvait exister, il ne ferait pas rire, il ferait horreur. [...]
Qu'est-ce donc que le vrai misanthrope de Molière ? Un homme de bien qui déteste les mœurs de son siècle et la méchanceté de ses contemporains ; qui, précisément parce qu'il aime ses semblables, hait en eux les maux qu'ils se font réciproquement et les vices dont ces maux sont l'ouvrage. S'il était moins touché des erreurs de l'humanité, moins indigné des iniquités qu'il voit, serait-il plus humain lui-même ? [...]

Une preuve bien sûre qu'Alceste n'est point misanthrope à la lett
c'est qu'avec ses brusqueries et ses incartades il ne laisse pas d'in
resser et de plaire. Les spectateurs ne voudraient pas, à la vérité,
ressembler, parce que tant de droiture est fort incommode ; ma
aucun d'eux ne serait fâché d'avoir affaire à quelqu'un qui lui r
semblât, ce qui n'arriverait pas s'il était l'ennemi déclaré d
hommes. Dans toutes les autres pièces de Molière, le personna
ridicule est toujours haïssable ou méprisable ; dans celle-là, quoiq
Alceste ait des défauts réels dont on n'a pas tort de rire, on se
pourtant au fond du cœur un respect pour lui dont on ne peut
défendre. En cette occasion, la force de la vertu l'emporte sur l'
de l'auteur et fait honneur à son caractère. [...]
Cependant ce caractère si vertueux est présenté comme ridicule
l'est en effet à certains égards, et ce qui démontre que l'intention
poète est bien de le rendre tel, c'est celui de l'ami Philinte qu'il m
en opposition avec le sien. Ce Philinte est le sage de la pièce ; un
ces honnêtes gens du grand monde [...] qui sont toujours conten
de tout le monde, parce qu'ils ne se soucient de personne. »

Rousseau, *Lettre à d'Alembert sur les spectacles*, 175

D'Alembert répond à Rousseau en prenant la défen
d'Alceste, qu'il ne trouve pas ridicule. En revanche, s'il
condamne pas Philinte comme Rousseau, il ne le prend p
non plus pour un modèle de vertu et de sagesse.

« Molière, selon vous, a eu dessein dans cette comédie de rendre
vertu ridicule. Il me semble que le sujet et les détails de la pièce, q
le sentiment même qu'elle produit en nous prouvent le contrai
Molière a voulu nous apprendre que l'esprit et la vertu ne suffise
pas pour la société, si nous ne savons compatir aux faiblesses de n
semblables et supporter leurs vices mêmes ; que les hommes so
encore plus bornés que méchants ; et qu'il faut les mépriser sans
leur dire. Quoique le misanthrope divertisse les spectateurs, il n'
pas pour cela ridicule à leurs yeux : il n'est personne au contrai
qui ne l'estime, qui ne soit porté même à l'aimer et à le plaindre. C
rit de sa mauvaise humeur comme de celle d'un enfant bien né et
beaucoup d'esprit.

La seule chose que j'oserai blâmer dans le rôle du misanthrope, c'est qu'Alceste n'a pas toujours tort d'être en colère contre l'ami raisonnable et philosophe que Molière a voulu lui opposer comme un modèle de la conduite qu'on doit tenir avec les hommes. Philinte m'a toujours paru, non pas absolument, comme vous le prétendez, un caractère odieux, mais un caractère mal décidé, plein de sagesse dans ses maximes et de fausseté dans sa conduite. Rien de plus sensé que ce qu'il dit au misanthrope dans la première scène, sur la nécessité de s'accommoder aux travers des hommes ; rien de plus faible que sa réponse aux reproches dont le misanthrope l'accable sur l'accueil affecté qu'il vient de faire à un homme dont il ne sait pas le nom. »

D'Alembert, *Lettre à J.-J. Rousseau, citoyen de Genève*, 1758.

Stendhal, dans son *Journal*, fait une interprétation politique du caractère du misanthrope, reprochant à Molière de ne pas aller assez loin, de s'arrêter à la critique des mœurs, alors qu'il aurait dû faire une critique du système politique de l'époque. Mais cette pièce n'en reste pas moins pour lui « la deuxième ou la troisième comédie du monde ».

Il y a dans Alceste l'imperfection capitale que la tête n'est pas assez bonne. Il devait voir que tous ces maux qu'il ne peut endurer viennent du gouvernement monarchique, et tourner contre le tyran la haine que lui donnent les vices de ses contemporains. Ne prenant pas ce parti, n'en ayant pas la force, il devrait se faire une idée nette de la vertu, et pour faire encore quelques biens partiels (ne s'attaquant pas à la racine du mal), rester dans le monde pour s'y liguer avec le peu d'honnêtes gens qui y sont et y faire le plus de bien possible. Que si Molière a voulu rendre son Alceste ridicule pour n'avoir pas pris ce parti, il devrait nous le montrer, et le lui faire dire au moins par Philinte. »

Stendhal, *Journal*, 10 fructidor (28 août 1804).

Les vers de Musset qui suivent montrent comment le personnage d'Alceste a pu plaire à la génération romantique : le misanthrope est devenu à la fois un révolté et un sombre

mélancolique. Quoique historiquement fausse, on ne peu
nier l'influence de cette interprétation, qui occulte en gran
de partie le comique de Molière.

« J'étais seul, l'autre soir, au Théâtre-Français
Ou presque seul ; l'auteur n'avait pas grand succès.
Ce n'était que Molière, et nous savons de reste
Que ce grand maladroit, qui fit un jour Alceste,
Ignore le bel art de chatouiller l'esprit
Et de servir à point un dénouement bien cuit.
Grâce à Dieu, nos auteurs ont changé de méthode,
Et nous aimons bien mieux quelque drame à la mode
Où l'intrigue, enlacée et roulée en feston,
Tourne comme un rébus autour d'un mirliton.
J'écoutais cependant cette simple harmonie,
Et comme le bon sens fait parler le génie.
J'admirais quel amour pour l'âpre vérité
Eut cet homme si fier en sa naïveté,
Quel grand et vrai savoir des choses de ce monde,
Quelle mâle gaieté, si triste et si profonde
Que, lorsqu'on vient d'en rire, on devrait en pleurer !
Et je me demandais : Est-ce assez d'admirer ?
Est-ce assez de venir, un soir, par aventure,
D'entendre au fond de l'âme un cri de la nature,
D'essuyer une larme, et de partir ainsi,
Quoi qu'on fasse d'ailleurs, sans en prendre souci ? »

Alfred de Musset, *Une soirée perdue*, 184(

Les continuations du *Misanthrope*

La polémique sur le personnage d'Alceste a incité certain
auteurs à réécrire *Le Misanthrope* de Molière. De plus, cer
tains d'entre eux se sont essayés à faire une suite, le dénoue
ment du *Misanthrope* n'étant pas complet, comme on l'a vu
Marmontel, le premier, a tenté de changer le personnage d

Molière, dans son *Misanthrope corrigé* (1765). Alceste part dans son « désert ». Il rencontre des paysans contents de leur sort, un seigneur juste, et sa douce et aimable fille, Ursule, dont il tombe amoureux. Tout cela finira par le guérir de sa misanthropie, et il se résoudra à fréquenter à nouveau le monde.

On assiste ici à un dialogue entre Alceste et Ursule. Alceste vient d'émettre le souhait que la jeune fille ait un bon mari.

— Faites des vœux, dit-elle en souriant, pour qu'il ne soit pas misanthrope : les hommes de ce caractère sont trop difficiles à corriger. — Aimeriez-vous mieux, dit Alceste, un de ces hommes froids et légers que tout amuse et que rien n'intéresse, un de ces hommes faibles et faciles que la mode plie et façonne à son gré, qui sont de cire pour les mœurs du temps, et dont l'usage est la loi suprême ? Un misanthrope aime peu le monde, mais quand il aime, il aime bien. — Oui, je sais qu'une telle conquête est flatteuse pour la vanité, mais je suis bonne et je ne suis pas vaine. Je ne veux trouver dans un cœur tout à moi, ni de l'aigreur, ni de l'amertume. Je veux pouvoir lui communiquer la douceur de mon caractère, et ce sentiment de bienveillance universelle qui me fait voir les hommes et les choses du côté le plus consolant. Je ne saurais passer ma vie à aimer un homme qui passerait la sienne à haïr. — Ce que vous dites là n'est pas obligeant, car on m'accuse d'être misanthrope. — [...] une haine de l'humanité réfléchie et fondée en principes est une chose épouvantable. Et je suis persuadée que votre aversion pour le monde n'est qu'un travers, un excès de vertu. Vous n'êtes pas méchant, vous êtes difficile. Je vous crois aussi peu indulgent pour vous-même que pour autrui, mais cette probité sévère et trop impatiente vous rend insociable, et vous m'avouerez qu'un mari de cette humeur-là ne serait pas amusant. —Vous voulez donc un mari qui vous amuse ? — Et qu'il s'amuse, reprit-elle, aux mêmes choses que moi, car si le mariage est une société de peines, il faut que ce soit en revanche une société de plaisirs. »

Marmontel, *Le Misanthrope corrigé*, 1765.

Fabre d'Églantine a repris le débat sur *Le Misanthrope*,
suivant les remarques de Rousseau : sa pièce, *Le Philinte*
Molière (1788, première représentation en 1790), oppose
Philinte égoïste et un Alceste certes emporté, mais fonciè
ment généreux. La vertu n'est donc plus ridiculisée. De pl
la pièce date de la période révolutionnaire, et double
débat moral d'un différend politique : Philinte a l'égoïs
de la noblesse, Alceste lutte contre l'injustice et pour la lib
té. La scène montre Alceste critiquant le manque de génér
sité de Philinte. Celui-ci refuse en effet d'apporter de l'aid
un malheureux menacé de la ruine à cause des intrigues d'
escroc.

« **Alceste** : Non, je ne croyais pas, je dois enfin le dire,
Que la soif de mal faire allât jusqu'au délire.
Je ne sais plus quel mot pourrait être emprunté
Pour peindre cet excès d'insensibilité,
Cet esprit de vertige et ces lueurs ineptes
Qui réduisent ainsi l'égoïsme en préceptes.
Tout est bien ! Insensés ? Hé ! vous ne pouvez pas
Sans toucher votre erreur faire le moindre pas.
Tout est bien ? Oui sans doute, en embrassant le monde,
J'y vois certe sagesse éternelle et profonde,
Qui voulut en régler l'immuable beauté ;
Mais l'homme n'a-t-il point sa franche liberté ?
Ne dépend-il donc pas d'un impudent faussaire,
De ne pas friponner ainsi qu'il veut le faire ?
Ne tient-il pas à vous de prêter votre appui
À l'homme infortuné qu'on ruine aujourd'hui ?
Ne tient-il pas à moi, sur un refus tranquille,
De vous fuir à jamais comme un homme inutile ?
Or on peut faire, ou non, le bien comme le mal !
Si nous avons ce droit favorable ou fatal,
Dans ce que l'homme a fait, au gré de son caprice,
Or donc, tout n'est pas bien ; ou vous niez le vice ?
Parmi les braves gens, loyaux, sensibles, bons,
Il faudrait donc aussi des méchants, des fripons,
Dans l'optimisme affreux que votre esprit épouse

De sa perfection la nature est jalouse,
Sans doute, et c'est toujours le but de ses bienfaits.
Mais nous ne sommes pas comme elle nous a faits.
Moins nous avons changé, plus nous sommes honnêtes,
Et je vous ai connu bien meilleur que vous n'êtes. »

> Fabre d'Églantine, *Le Philinte de Molière*, acte II, 1788.

Courteline, dans *La Conversion d'Alceste*, pièce en un acte, montre un Alceste qui fait amende honorable, six mois après la fin du *Misanthrope*. Marié à Célimène, il déclare à Philinte qu'il est résolu à être sociable. Or, voici Oronte qui arrive, sans rancune pour le passé, et surtout avec un nouveau sonnet… Mais Philinte et Célimène s'avoueront l'un à l'autre que ce nouvel Alceste a perdu ce qui faisait son charme. L'ancien misanthrope, écœuré, déclarera à nouveau vouloir quitter la société des hommes.

Alceste : Sans rancune ?
Oronte, *très franc* : Sans arrière-pensée et sans aigreur aucune !
Alceste : Vrai ?… Les griefs d'hier ?… L'histoire du sonnet ?
Et les sévérités prises sur mon bonnet ?
Et ma mauvaise foi de parti pris butée
À la sotte chanson que je vous ai chantée…
Oronte, *l'interrompant* : Point ! Elle est excellente et j'en ai
[beaucoup ri.
L'âme simple du peuple y parle au roi Henri !
Ah ! " Reprenez Paris ! " Ah ! " J'aime mieux ma mie ! "
Quant au sonnet, c'était une simple infamie.
Dont les tercets fâcheux et l'absurde huitain
Fleuraient à quinze pas leur petit Trissotin.
Ma verve, qui vous doit de s'être corrigée,
Reste donc, croyez-le, votre bien obligée.
Je fais d'ailleurs de vous un cas, tel que j'entends
Vous en donner ici des gages éclatants.
Alceste veut parler, mais déjà Oronte a tiré un papier de sa poche.

Ce deuxième sonnet, par le fond, par la forme,
À votre poétique est de tous points conforme,
Et vos justes conseils dont j'ai su profiter
M'en ont dicté les vers faits pour vous contenter.
Comme il a trait aux yeux d'une mienne parente
Qui voulut bien pour moi se montrer tolérante,
J'ai cru de mon devoir d'y semer à foison
L'hyperbole, l'image et la comparaison.
Il annonce :
" Sonnet composé à la gloire de deux jeunes yeux, amoureux, da
lesquels le poète, attaché à louanger comme il faut, à célébr
comme il convient, leur feu, leur mouvement, leur couleur, le
éclat, renonce à trouver, même dans le domaine du chimérique, u
image digne de leur être opposée. "
Il lit :
" Ce ne sont pas des yeux, ce sont plutôt des dieux.
Ayant dessus les rois la puissance absolue,
Des dieux ?... Des cieux plutôt, par leur couleur de nue
Et leur mouvement prompt comme celui des cieux...

Des cieux ?... Non !... Deux soleils nous offusquant la vue
De leurs rayons brillants clairement radieux !...
Soleils ?... Non !... mais éclairs de puissance inconnue.
Des foudres de l'amour, signes présagieux...

Car s'ils étaient des dieux, feraient-ils tant de mal ?
Si des cieux, ils auraient leur mouvement égal !
Des soleils ?... Ne se peut ! Le soleil est unique.

Des éclairs alors ?... Non... car ces yeux sont trop clairs !
Toutefois, je les nomme, afin que tout s'explique :
Des yeux, des dieux, des cieux, des soleils, des éclairs ! "
Philinte : C'est grand comme la mer.
Alceste, *à part* : Et bête comme une oie ! Mais de ce malheure
pourquoi gâter la joie ?...
Qu'il soit grotesque en paix !
Oronte : Eh bien, sur mon sonnet ?

Alceste : Franchement, il est bon à mettre au cabinet
De lecture.
Oronte, *ivre d'orgueil :* Non ?
Alceste :   Si !
Oronte :   Cela vous plaît à dire.
Humblement :
Sans doute, il a charmé tous ceux qui l'ont pu lire.
Mais…
Alceste : Je suis du parti de tous ceux qui l'ont lu,
Et le ciel m'est témoin que le sonnet m'a plu.
Philinte : La langue en est hardie, et franche, et décidée !
Alceste : L'idée avec bonheur y succède à l'idée.
Philinte : Il est plein d'un aimable et tendre sentiment.
Alceste : J'en aime fort la fin… et le commencement.
Philinte : Puis, la rime au bon sens s'adapte et s'associe.
Alceste : C'est une qualité qu'il faut qu'on apprécie.
Philinte : Il est assurément meilleur que le premier.
Alceste : Par l'agrément, surtout, de son ton familier.
Philinte : Et ce « présagieux » !…
Alceste :   Ah ! permettez, de grâce,
Que pour " présagieux " monsieur, on vous embrasse !
Les deux hommes s'embrassent. »

Courteline, *La Conversion d'Alceste.*

Jacques Rampal est le dernier à avoir écrit une continuation
du *Misanthrope*, *Célimène et le Cardinal* (1993). Alceste est
devenu cardinal, et il retrouve Célimène, qui s'est mariée
entre-temps, vingt ans après la fin du *Misanthrope*.

« **Célimène** :
Mais je ne vous ai pas appelé au secours,
C'est vous qui défaillez en voyant mes contours.
Après avoir ouvert, sans mon consentement,
Ce recueil de dessins, voilà que maintenant
Vous jetez contre moi un méchant anathème !
Pourquoi cette fureur ?

Alceste :

               Parce que je vous aime.

Célimène :

Alceste, vous m'aimez...

Alceste :

                 Comme chaque être humain.

J'aime le monde entier.

Célimène :

               En êtes-vous certain ?

Alceste :

Le « Misanthrope » est mort, Madame, c'est Alceste,
Bienfaiteur, protecteur des hommes, je l'atteste,
Qui est venu vous voir.

Célimène :

               Me voir... le mot est juste :
Vous avez vu mon âme, et maintenant mon buste,
Mes jambes et mes reins...

Alceste :

                 ... qui n'ont su m'émouvoir.
Cachez-moi ces dessins que je ne saurais voir. »

               Jacques Rampal, *Célimène et le Cardinal.*

La critique sur *Le Misanthrope*

Paul Bénichou dresse un portrait d'Alceste en dégageant les contradictions du personnage.

« La maladie morale d'Alceste et les vices de caractère qui forment le fond de sa passion pour la vertu apparaissent, plus indiscutables qu'ailleurs, dans son comportement amoureux. L'amour est ici, une fois de plus, le miroir de toute la vie. Alceste peut entrer dans la catégorie des jaloux moralisants dont le théâtre de Molière renferme tant de peintures. Les scènes qui l'opposent à Célimène reproduisent jusqu'à un certain point celles où une coquette bafoue un barbon ridicule [...] Mais la vérité profonde d'Alceste, si égoïste et accaparant qu'il soit, est dans sa faiblesse, dans la sincérité enfantine de sa douleur. C'est un tyran bien démuni, et d'avance défait, en qui on chercherait en vain la moindre trace de cette suffisance si tenace chez les barbons. Aussi, tandis que les barbons représentent aisément les principes conservateurs, tandis qu'ils prêchent toujours le maintien des contraintes traditionnelles, Alceste brandit la revendication subversive de justice et de vérité comme l'arme habituelle et vengeresse des faibles. Mais si sa droiture et sa faiblesse le rendent sympathique, sa droiture n'en souffre pas moins à nos yeux de n'être que le remède et le complément de sa faiblesse. Ce n'est pas par hasard qu'il a choisi Célimène : avide d'émouvoir et d'accaparer un cœur, et persuadé secrètement de n'y pouvoir réussir, il s'est fixé justement à la femme la mieux faite pour lui faire sentir son échec, et pour justifier la colère moralisante par laquelle il essaye de compenser cet échec. Ce mécanisme, à la fois touchant et vain, est exactement le même qui le conduit dans la vie sociale ; peu propre à soutenir la lutte pour la vie, faible, chagrin, trop juste et trop injuste, il recherche à plaisir les situations mortifiantes, pour s'y repaître de sa colère et de sa nostalgie du bien. »

Paul Bénichou, *Morales du Grand Siècle,* Gallimard, 1948.

René Jasinski met l'accent sur la portée philosophique de la pièce :

« Rejoignant l'éternelle opposition entre le pessimisme et l'optimisme, le " chagrin " d'Héraclite et le rire de Démocrite, [Molière] incarne les deux attitudes en deux personnages admirablement contrastés, et chargeant l'un, affinant l'autre, il parachève la leçon. Il transmue le rire facile et un peu gros en subtil sourire, donne à un comique plus délié une signification profonde, et hors de tout dogmatisme, sans vain " raisonneur ", fond la synthèse et l'antithèse. Par une originalité dont on peut maintenant mesurer la hardiesse, *Le Misanthrope* en définitive porte à la scène une allégorie philosophique. »

René Jasinski, *Molière et le Misanthrope,* Armand Colin, 1951.

Jacques Guicharnaud montre que *Le Misanthrope* – comme *Dom Juan* – constitue une comédie d'un type nouveau.

« La Comédie s'efforce, au moyen de la désintégration des masques et des illusions, de montrer que le monde est " vivable " sur le plan quotidien. La Tragédie ou bien débouche dans un néant, ou bien surmonte par une transcendance héroïque – se manifestant soit par une supersoumission au destin, qui bat le destin à son propre jeu, soit par une valorisation intransigeante de l'homme contre le destin (et nous mélangeons ici très librement Aristote, le vrai sens de la tragédie grecque, Corneille et Racine) – un univers qui, précisément, n'est pas vivable. Dans le héros tragique le spectateur délègue en quelque sorte (n'est-ce pas un peu ce que Giraudoux disait ?) la responsabilité de cet univers, en un bonapartisme théâtral qu'on peut appeler catharsis à la rigueur, mais qui a pour fonction d'établir fermement une distance entre des réalités trop hautes pour que nous puissions nous en accommoder dans le quotidien et nos tâches immédiates. La Comédie consiste non à nous séparer de cet univers, mais à le dégonfler ; c'est pourquoi [...] le mot " burlesque " a semblé convenir pour qualifier telle ou telle scène, telle ou telle attitude. Le burlesque est aussi une catharsis, mais il évoque plus une purge par le bas qu'une purification par le haut.

Avec *Dom Juan* et *Le Misanthrope*, la purge a perdu son efficacité. Ces pièces ne renvoient pas le spectateur à sa propre sagesse, mais le laissent sur le goût amer de l'impossibilité de toute sagesse. »

Jacques Guicharnaud, *Molière, une aventure théâtrale*,
Gallimard, 1973.

Philippe Kerbrat (Alceste) et Dominique Blanc (Célimène)
dans la mise en scène d'Antoine Vitez, théâtre national de Chaillot, 1988.

Compléments notionnels

Absolutisme

Système de gouvernement où le pouvoir du souverain est absolu et n'est soumis à aucun contrôle. En France cette notion renvoie en particulier au règne de Louis XIV (1643-1715).

Antiphrase

Voir ironie.

Antithèse

Figure de style qui consiste à opposer deux expressions que l'on rapproche dans le discours pour mieux en faire ressortir le contraste.

Aparté

Procédé théâtral qui sert à faire connaître au spectateur des sentiments que le personnage ne peut pas exprimer à haute voix car il est obligé de les dissimuler devant son interlocuteur.

Baroque

Style qui s'est développé du XVIᵉ au XVIIIᵉ siècle, caractérisé par la liberté des formes et la profusion des ornements. S'oppose au classicisme.

Classicisme

Style du XVIIᵉ siècle qui prône la simplicité, la mesure et l'ordre. S'oppose au baroque.

Cour, courtisans

Résidence du souverain et de son entourage. Plus particulièrement au XVIIᵉ siècle les manières et les mœurs de Versailles. Le courtisan est celui qui fréquente la cour d'un souverain. La cour s'oppose à la ville, mot qui désigne Paris et la vie mondaine et intellectuelle (voir v. 89).

Dénouement

Vocabulaire du théâtre. Ce qui termine une intrigue. Le dénouement est donc ce qui suit immédiatement le nœud.

Didascalie

Terme du vocabulaire théâtral désignant une indication scénique précisant le jeu et les gestes des acteurs ou encore les éléments du décor.

Dramaturgie

Art de la composition des pièces de théâtre et plus spécifiquement

technique des auteurs dramatiques.

Étiquette

Cérémonial en usage dans une
cour auprès du roi.

Exposition

Terme du vocabulaire théâtral
désignant le début d'une pièce de
théâtre où l'auteur fait connaître
les circonstances de l'action et les
personnages.

Honnête homme

Idéal social au XVIIᵉ siècle. Désigne
un homme poli, cultivé, agréable
en société (voir « Contextes »).

Humanisme

Courant de pensée qui commence
à la Renaissance (au XVIᵉ siècle),
caractérisé par un effort pour
mettre en valeur la dignité et la
grandeur de l'homme. L'humanisme se traduit par l'étude des
littératures grecque et latine que
l'on nomme « humanités ».

Hyperbole

Figure de style qui consiste à
exprimer une idée en des termes
excessifs, outrés, afin de la mettre
en relief.

Intrigue

Dans le vocabulaire littéraire
désigne l'ensemble des événements qui forment le nœud d'une
pièce de théâtre ou d'un roman.

Ironie

Procédé rhétorique qui consiste à
suggérer autre chose que ce que
l'on dit, à des fins comiques.
L'antiphrase est un cas particulier
d'ironie consistant à dire le
contraire de ce que l'on pense ou
de ce que l'on veut faire penser.

Litote

Figure de style qui consiste à se
servir d'une expression qui dit
moins pour en faire entendre plus.

Métaphore

Figure de style qui consiste à
employer un terme concret pour
exprimer une notion abstraite
par substitution analogique sans
qu'il y ait d'élément introduisant
formellement une comparaison.
Exemple : « *Tirons-nous de ce bois
et de ce coupe-gorge* » (v. 1522).

Modalités (de la phrase)

Terme grammatical qui renvoie à
l'attitude du locuteur par rapport à
son énoncé. Il existe quatre modalités de la phrase : les modalités
affirmative (énoncé donné pour
vrai), interrogative (mise en débat
de l'énoncé), jussive (exécution
requise du contenu de l'énoncé) et
exclamative (réaction affective face
à la situation considérée).

Nœud

Terme du vocabulaire théâtral qui
renvoie à l'ensemble des obstacles

et des péripéties qui s'opposent aux intentions des personnages. La résolution du nœud, appelée le dénouement, marque la fin de l'action.

parodie

Terme du vocabulaire littéraire qui désigne l'imitation burlesque d'une œuvre sérieuse.

pathétique

Catégorie esthétique qui appartient originellement à l'art dramatique. Définit la situation d'un personnage écrasé par le destin qui exprime sa souffrance par une plainte.

péripétie

Changement brutal de la situation dans une œuvre dramatique, autrement dit : coup de théâtre. Ce changement ne peut naître que d'un événement extérieur. Un simple changement de volonté d'un héros n'est pas une péripétie.

périphrase

Figure de style qui consiste à utiliser au lieu du mot propre, qui est simple, une tournure ou une locution explicative.

pièce à clef

Pièce qui met en scène des personnages et des faits réels mais déguisés par l'auteur.

portrait

Au sens figuré, description orale ou écrite d'une personne. Au XVIIᵉ siècle, le portrait est un genre littéraire dans lequel s'illustre entre autres La Bruyère avec *Les Caractères*. Le jeu des portraits est un divertissement de salon.

préciosité

Tendance au raffinement dans le jeu des sentiments et dans l'expression littéraire qui se manifeste en France dans certains salons au cours de la première moitié du XVIIᵉ siècle. Mode culturelle, mode littéraire, la préciosité apparaît initialement comme une réaction de l'aristocratie contre la grossièreté des mœurs et du langage qui sévissait à la cour d'Henri IV. Elle marque aussi une renaissance du courant courtois.

satire

Écrit ou discours qui s'attaque à quelqu'un ou à quelque chose en s'en moquant. Plus précisément genre littéraire désignant un poème en vers où l'auteur dénonce les vices et les ridicules de ses contemporains.

stichomythie

Dialogue où chaque réplique s'étend seulement sur un vers.

Tirade

Terme du vocabulaire théâtral qui désigne le discours d'un personnage qui se déroule sans interruption. Procédé classique qui apparaît aujourd'hui artificiel.

Unités (règle des trois)

Terme du vocabulaire théâtral renvoyant à l'une des règles de la dramaturgie classique. Les unités d'action, de temps et de lieu structurent ainsi les pièces des grands auteurs classiques (voir « Contextes »).

Vraisemblance

Terme du vocabulaire théâtral qui renvoie à un principe essentiel du théâtre classique. Celui-ci conduit à privilégier la cohérence des caractères et la logique de l'action. Les règles du théâtre classique découlent de ce principe (voir « Contextes »).

Philippe Fretun (Clitandre), Marc Chouppart (Acaste),
Dominique Constanza (Célimène), Catherine Salviat (Éliante)
dans la mise en scène de Jean-Pierre Vincent, Comédie-Française, 1985.

Bibliographie

Sur la langue du XVIIᵉ siècle

Anne SANCIER-CHATEAU, *Introduction à la langue du XVIIᵉ siècle*, Nathan, coll. 128, 2 vol., 1993.

Sur le théâtre

Jean MAZAREYLAT, *Éléments de métrique française*, Armand Colin, 1974.

Patrice PAVIS, *Dictionnaire du théâtre : termes et concepts de l'analyse théâtrale*, Éditions sociales, 1986.

Jean-Pierre RYNGAERT, *Introduction à l'analyse du théâtre*, Bordas, 1991.

Jacques SCHÉRER, *La Dramaturgie classique en France*, Nizet, 1954.

Anne UBERSFELD *Lire le théâtre*, Éditions sociales, 1977.

Sur Molière et son œuvre

Paul BÉNICHOU, *Morales du Grand Siècle*, Gallimard, coll. Folio, 1948.

Michel CORVIN, *Molière et ses metteurs en scène d'aujour-d'hui*, Presses universitaires de Lyon, 1985.

Maurice DESCOTES, *Molière et sa fortune littéraire*, Éditions Ducros, 1970.

René JASINSKY, *Molière*, Hatier, 1969.

Louis JOUVET, *Molière et la comédie classique*, Gallimard, 1965.

Sur *Le Misanthrope*

Jacques GUICHARNAUD, *Molière, une aventure théâtrale, Tartuffe, Dom Juan, Le Misanthrope*, Gallimard, 1973.

René JASINSKY, *Molière et Le Misanthrope*, Armand Colin, 1951.

Jean-Pierre VINCENT (et autres), *Alceste et l'absolutisme. Essais de dramaturgie sur Le Misanthrope*, Éditions Galilée, 1977.

Discographie

Auvidis, AD 061, par Georges Hacquard, 1968.

Le livre qui parle, cassette JC 56.

Radio-France, 2 cassettes, K 1101. Mise en scène de Pierre Dux à la Comédie-Française.

Filmographie

L'I.N.A. dispose d'enregistrements d'adaptations télévisées. Signalons la mise en scène de Jacques Weber conçue pour la télévision et diffusée en direct le 2 mai 1994 (avec Jean-François Balmer et Romane Bohringer).

Ariane MNOUCHKINE, *Molière*, 1977.

CRÉDIT PHOTO : p. 6,,"Ph. © Archives Larbor. / T." • p. 21,,"Ph. © Giraudon. / T." • p. 30,,"Et repri-
se Page 8. Ph. © Lauros-Giraudon. / T." • p. 34,,"Ph. © Marc Enguérand. / T." • p. 46,,"Ph. © Claude
Bricage. / T." • p. 60,,"Ph. © Musée de la Poste. / T." • p. 65,,"Ph. © Agence de Presse Bernand. / T."
• p. 96,,"Ph. © Marc Enguérand. / T." • p. 121,,"Ph. © Monique Rubinel/ Enguérand / T" • p. 133,,"Ph.
© Marc Enguérand. / T." • p. 146,,"Ph. © Marc Enguérand. / T." • p. 152,,"Ph. © Archives Larbor. /
T." • p. 167,,"Ph. © Marc Enguérand. / T." • p. 175,,"Ph. © Archives Larbor. / T." • p. 185,,"Ph. ©
Bulloz. / T." •p. 201,,"Ph. © Steinberger/Enguérand. / T."

Direction de la collection : Pascale MAGNI.
Direction artistique : Emmanuelle BRAINE-BONNAIRE.
Responsable de fabrication : Jean-Philippe DORE.

Compogravure : P.P.C. – Impression : MAME. N° 00032227. Dépôt légal : 1re éd. août 1998
N° de projet : 10076078 (IV) 83. Dépôt légal : avril 2000.